I0118257

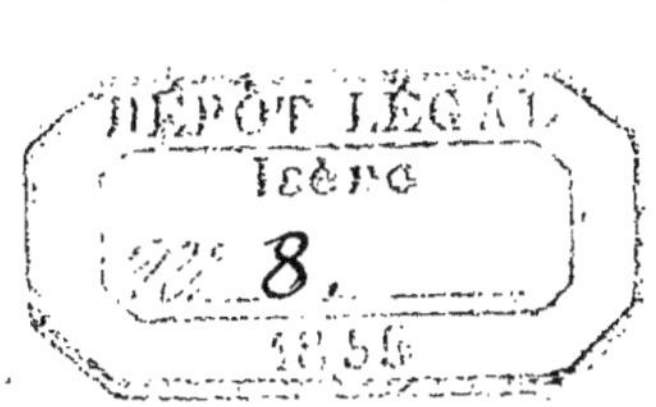

DEVOIRS

SUR

L'ORTHOGRAPHE ABSOLUE

ET SUR

L'ORTHOGRAPHE RELATIVE.

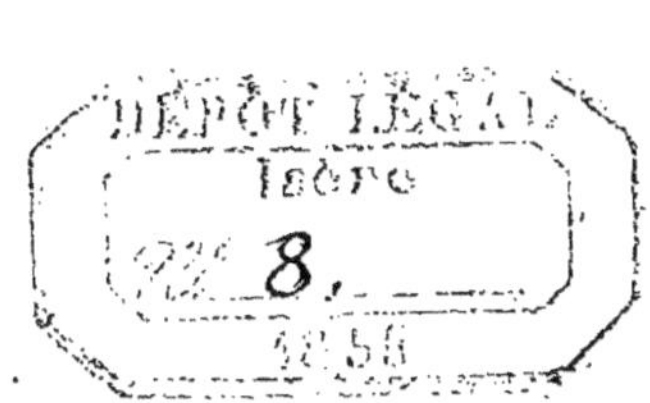

DEVOIRS

SUR

L'ORTHOGRAPHE ABSOLUE

ET SUR

L'ORTHOGRAPHE RELATIVE.

Grenoble, impr. de Prudhomme.

DEVOIRS

SUR

L'ORTHOGRAPHE ABSOLUE

ET SUR

L'ORTHOGRAPHE RELATIVE,

Mis en rapport avec les règles de la Grammaire,

ET DANS LESQUELS SE TROUVENT TRAITÉS DIVERS SUJETS DE MORALE ET D'HISTOIRE NATURELLE,

Par V. BRUNET.

GRENOBLE,
CHARLES VELLOT ET Ce, LIBRAIRES DE L'ACADÉMIE,
Rue Lafayette, 14.

1855.

Disons un mot sur la manière de se servir de l'ouvrage.

L'élève, ayant entre les mains un exemplaire des **Devoirs**, *copie chaque jour, soit en classe, soit à la maison, un ou plusieurs exercices; à la classe suivante, son travail est corrigé et expliqué sur le tableau noir, ensuite il est mis au net sur un cahier particulier qui doit être tenu avec beaucoup de soin.*

On commence par l'orthographe absolue (car, avant d'apprendre à terminer les mots, il est bon de savoir comment ils commencent); mais il n'est pas nécessaire d'épuiser cette première partie avant d'aborder l'orthographe relative.

En donnant un **Devoir**, *il faut s'assurer si l'élève comprend bien ce qu'il doit faire; lorsque c'est nécessaire, on lui donne quelques explications préalables.*

Il importe beaucoup que les élèves fassent leur travail préparatoire avec tout le soin qu'il exige; le professeur fera donc bien de le visiter avant la correction au tableau. Si la classe était peu nombreuse, il devrait se faire donner le travail sur une feuille volante qui serait rendue à l'élève, après que les mots fautifs auraient été indiqués au moyen d'une simple barre. Et afin d'exciter l'émulation, en rendant les copies, on dirait le nombre de fautes que chacune d'elles renferme.

On ne doit permettre la mise au net d'un Devoir que lorsqu'il a été bien fait. Il ne faut pas craindre de faire recopier.

Lorsqu'on corrigera un Devoir traitant de morale, d'histoire naturelle, etc., on devra le commenter et le développer.

De temps en temps, on fera bien de revenir sur les exercices qui ont déjà été vus; et à livre ouvert, les élèves corrigeront à tour de rôle. On fera rappeler les définitions et les règles qui se rapportent aux Devoirs dont on s'occupe. Cette revue sera une excellente récapitulation de Grammaire.

Enfin, lorsque les élèves possèdent déjà assez bien les premières connaissances grammaticales, on les fait composer en orthographe une fois par semaine. Le texte de ces compositions qui remplacent alors le Devoir, sera pris dans un auteur quelconque.

DEVOIRS.

PREMIÈRE PARTIE.

ORTHOGRAPHE ABSOLUE
OU D'USAGE.

1er DEVOIR.

Tableau des sons de la langue française.

L'élève copiera ce tableau et l'apprendra par cœur, afin de bien savoir comment chaque son se représente :

Voyelles.

a - â
e - é - è - ê
i - î - y
o - ô
u - û

Voyelles composées.

eu - œu
ai - ei
au - eau
ou
oi

Voyelles nasales.

an - am - en - em
in - im - ein - yn -
ym - ain - aim
ien - yen
on - om
un - um - eun

Consonnes.

b - c - d - f - g -
h - j - k - l - m -
n - p - q - r - s -
t - v - x - z

Consonnes composées.

ch — ph — gn —
ill — qu

Rapprochements.

c - q - qu - k - ch
f - ph
s - ç - c (devant e - i)
j - g (devant e - i)
z - s (entre 2 voyelles)

Consonnes qui redoublent.

bb - cc - dd - ff -
gg - ll - mm - nn -
pp - rr - ss - tt -
vv

2e DEVOIR.

Syllabes.

L'élève doit bien comprendre ce que c'est qu'une syllabe, et savoir distinguer combien il y en a dans chaque mot. Il décomposera les mots suivants en syllabes :

Ame, île, lune, père, frère, règle, maison, œuvre, main, tombeau, doigt, église, lièvre, physicien, communauté, science, conscience, attention, ciel, nourriture, arrangement.

Le devoir se fera ainsi :

â - me	phy - si - cien.
î - le	liè - vre.
etc.	*etc.*

3e DEVOIR.

Beaucoup de syllabes s'écrivant de plusieurs manières, ce devoir a pour but de montrer à l'élève les différentes formes qu'une syllabe est susceptible de prendre. Ainsi, les syllabes suivantes, selon le cas, peuvent s'écrire :

pè - pê - pai - pei	dan - dam - den - dem
mè - ... - ... - ...	lan - ... - ... - ...
si - sy	sin - sim - sein - sain -
ci - ...	saim - syn - sym
bo - bô - bau - beau	tin - ... - ...

ro - ... - ... - ... son - çon - sson - som
fa - ffa - pha fo - fau - ... - ...
fu - ... - ... co - quo - ko - cho

NOTA.— *L'élève complétera ce devoir, dont les lacunes sont indiquées par des points.*

Mots.

OBSERVATION IMPORTANTE. — Dès cet exercice, commencent les devoirs d'invention. L'élève doit faire ce travail avec beaucoup de soin; il choisira des mots convenables et qui soient bien dans les conditions voulues. Son choix ne s'arrêtera pas toujours sur les mots les plus simples et les plus faciles; il s'efforcera d'introduire dans ses listes, des termes dont la signification et l'orthographe offrent tout à la fois de la difficulté et de l'utilité.

Autant que possible, l'élève mettra de la variété dans ses devoirs. Ainsi, lorsqu'il aura à écrire des mots sur les sons *é - in*, par exemple, il fera en sorte de prendre des mots où ces sons se trouvent au commencement, comme *ébène - infinité*; d'autres où ces mêmes sons se trouvent dans l'intérieur du mot : *manége - dinde;* puis, à la fin, *vérité - vin*, etc.

Les devoirs se prépareront préférablement de mémoire; cependant, lorsque les élèves seront embarrassés, ils pourront trouver beaucoup de mots dans la lecture attentive de deux ou trois pages.

Pour le quatrième devoir, l'élève écrira trois listes d'environ dix mots chacune. La première comprendra des mots renfermant le son *a* ou *â*, la deuxième, le son *o - ô*, et la troisième, le son *u - û*.

4e DEVOIR.

10 mots environ sur les sons :

a – â	o – ô	u – û
avarice,	obole,	unité,
....	....	....
....	....	minute,
table,	sofa,	....
....	....	....
albâtre,	trône,	flûte,
âne,	dôme,	bure (étoffe),
....	....	....
....	....	....
ratafia,	loto,	vertu,

NOTA. — *Ces devoirs pourront être corrigés sur le tableau noir. On s'assurera par des questions que le sens de chaque mot est bien compris.*

—

5e DEVOIR.

10 mots environ sur les sons :

é	è	ê
élève,	*un seul mot*	être (qui est),
....	*commence par*	crême,
vérité,	è — ère,	....

éther (liqueur),	thèse,	hêtre (arbre),
etc.	procès,	. . . .
	Il ne se trouve pas à la fin des mots.	gêne,

6e DEVOIR.

10 mots sur les sons :

e	i - î	y
e *muet ne se trouve pas au commencement des mots.*	idole (fausse divinité),	yole (petite barque).
devoir,	île,	. . . .
. . . .	vipère,	martyre,
livre,	mari,	lyre,
	etc.	*etc.*

7e DEVOIR.

10 mots sur les sons :

eu	œu	ou
Europe,	œuf,	outre,
. . . .	. . . .	. . . .
neveu,	chœur (d'une église),	foudre,
. . . .	manœuvre,	. . . .

veuf,	cœur (partie du corps),	....
....		clou.

—

8e DEVOIR.

10 mots sur les sons :

ai	ei	et *à la fin du mot.*
aide,	veine,	filet,
....	....	....
maire (un),	Seine (fleuve),	duvet,
....	....	livret,
paire (une),	baleine,	....
chaîne (une),	....	chenet.

—

9e DEVOIR.

10 mots sur les sons :

eau	au	o *ou* ot *à la fin.*
eau,	landau (voiture),	écho,
....	sarrau,	numéro,
berceau,	....	....
....	noyau,	pavot,
caveau,	gluau,	calicot,

—

10e DEVOIR.

4 listes de 10 mots chacune, sur les sons:

am	an	em	en
ambre,	ange,	emblème,	encre,
camp,	ancre (de vaisseau),	....	amende,
....		ensemble,	tente (abri),
Adam,	amande (fruit),	....	enfance,
....	antre (caverne),	membre,	....
	tante,		

11e DEVOIR.

3 listes de 10 mots sur les sons :

in	im	ain *ou* aim
infidélité,	imprimeur,	ainsi,
pin (arbre),	simplicité,	pain,
cintre,	timbre.	essaim,
plinthe,	....	sain (en bon état),
pinceau,		daim,

12e DEVOIR.

Environ 10 mots sur les sons:

ein	ien	yn *ou* ym
peintre,	bien,	synthèse,

seing (signature),	le mien,	tympan,
sein (poitrine),		nymphe,

13e DEVOIR.

10 mots sur les sons :

on	om	un - um - eun *ou* oi
....	....	aucun,
....	....	parfum,
....	....	à jeun,
		loi,

14e DEVOIR.

10 mots sur les sons :

ch *ou* gn	ph	ill *ou* qu
chanvre,	philosophie,	paille,
....	physicien,	joaillier,
ignorance,	amphithéâtre,	cinquante,
échéance,	....	laquais,
....		

15e DEVOIR.

Rapprochements.

10 mots sur les sons :

c *ou* k	qu *ou* ch (q)	f *ou* ph
coq,	quotité,	défenseur,
car,	quart,	orphelin,

carême,	quarantaine,	soufre,
kilomètre,	chrétien,	phare,
kiosque,	chronologie,	séraphin,

—

16e DEVOIR.

10 mots sur les sons :

S *ou* C	Ç	Z *ou* S
pension,	garçon,	mélèze,
place,	gerçure,	misère,
morsure	....	quinze,
caducité,	....	cerise,

—

17e DEVOIR.

Mots renfermant des lettres doubles.

10 mots renfermant :

aa - bb - dd - ee	cc	ff - gg
Balaam,	occipital (os)	différence,
....	occasion,	....
rabbin,		suggestion,
gibbosité (bosse),		....
reddition,		aggravation,
....		
préexistence,		

—

18e DEVOIR.

10 mots renfermant :

ll	mm	*1 seul* l *ou 1 seul* m *dans le corps du mot.*
Allemagne,	flamme,	salon,
....	....	....
cellule,	immensité,	dame,

—

19e DEVOIR.

10 mots renfermant :

nn	pp	1 n *ou* p
année,	nappe,	vanité,
....	....	apostrophe,

—

20e DEVOIR.

10 mots renfermant :

rr	ss	r *ou* s
serrure,	carrosse,	chariot,
....	....	absent,

—

21e DEVOIR.

10 mots renfermant :

tt	x	z *ou* t
datte (fruit),	exemple,	horizon,
patte (pied),	luxe,	date,
....	....	pâte,

—

22e DEVOIR.

10 mots renfermant :

tion (sion)	tial *ou* tiel	tie (sie)
attention,	partialité,	impatience,
....	partiellement,	prophétie.
actionnaire,	gentiane (plante),	inertie,
....		

—

23e DEVOIR.

Dérivation.

L'élève complétera le tableau suivant :

Il y a un grand nombre de mots dont on peut connaître la consonne finale, à l'aide de la dérivation. Ainsi :

plom*b*, se termine par *b* à cause de plom*b*er,		blan*c*,	— ....
por*c*,	— por*c*her,	cro*c*,	— accro*c*her,
		estoma*c*,	— stoma*c*al.

fran*c*,	—	cou*p*,	— ....
ron*d*,	—	galo*p*,	— ....
blon*d*,	—	dra*p*,	— ....
bor*d*,	—	berge*r*,	— ....
bon*d*,	— bon*d*ir,	boulange*r*,	— ....
canar*d*,	— canar*d*erie,	teinturie*r*,	— ....
marchan*d*,	—	héritie*r*,	— ....
bavar*d*,	—	bouche*r*,	— ....
lai*d*,	—	vache*r*,	— ....
échafau*d*,	—	galoche*r*,	— ....
gran*d*,	—	boi*s*,	— boi*s*erie,
lon*g*,	—	ba*s*,	— ba*s*se,
oblon*g*,	—	refu*s*,	— ....
ran*g*,	—	épai*s*,	— ....
san*g*,	— san*g*uin,	gri*s*,	— ....
haren*g*,	— haren*g*ère,	permi*s*,	— permi*s*e,
fusi*l*,	—	do*s*,	— do*s*sier,
outi*l*,	— outi*l*ler,	villageoi*s*,	— ....
no*m*,	—	pay*s*,	— pay*s*an,
fai*m*,	—	embarra*s*,	— ....
essai*m*,	— essai*m*age,	univer*s*,	— univer*s*el,
parfu*m*,	—	cha*t*,	— ....
nai*n*,	— nai*n*e,	ver*t*,	— ....
humai*n*,	—	toi*t*,	— toi*t*ure,
bo*n*,	—	solda*t*,	— solda*t*esque,
coto*n*,	—	patien*t*,	— ....
plei*n*,	—	mon*t*,	— ....
vai*n*,	—	mor*t*,	— ....
cam*p*,	— cam*p*er,	parfai*t*,	— ....
cham*p*,	—	mue*t*,	— ....

écri*t*,	— écri*t*e,	ton*n*eau,	— ....
sep*t*,	— sep*t*ième,	plu*m*eau,	— plum*e*.
tou*t*,	—	cav*e*au,	— ....
b*e*au,	— b*e*lle,	chap*e*au,	— ....
nouv*e*au,	— nouv*e*lle,	tomb*e*au,	— ....
ba*t*eau,	—	pru*n*eau,	— ....

24ᵉ DEVOIR.

Familles de mots.

L'élève complétera ce devoir.

Il y a beaucoup de mots qui en forment d'autres; ces derniers, appelés *dérivés*, conservent, dans leur première partie, ou *radical*, l'orthographe du mot primitif ou formateur. Ainsi le mot :

tyran	*forme*	tyran*nie*, tyran*nique*, tyran*niser*, tyran*niquement*.
cent		cent*aine*, cent*ième*, cent*ime*, cent*upler*, cent*imètre*, etc.
affection		....
addition		....
homme		hu*manité*, hu*main*, hu*manitaire*, homi*cide*, hu*maniser*, hu*mainement*.
commandement		....
scie		sci*eur*, sci*age*, sci*erie*, sci*ure*, sci*er*.
vingt		....
hygiène		hygién*ique*, hygién*iste*, hygién*iquement*.
mensonge		....

amande	amand*ier*.
haine	....
hennir	....
innocence	....
science	scien*tifique*, scie*mment*, *pre*science.
sympathie	....
physique	....
physionomie	physionom*iste*.
pays	....
Christ	chr*étien*, etc.
archange	....
agglomération	....
chapellerie	....
sceller	sc*eau*, sce*llé*, sce*llement*, sce*lleur*.

NOTA. — *Si l'on en reconnaît la nécessité, on pourra prolonger ce devoir, en donnant à l'élève d'autres mots primitifs.*

25e DEVOIR.

Analogie de prononciation, de genre, etc.

Il y a beaucoup de mots qui ont la même *terminaison*, à cause de l'analogie qu'il y a entre leur prononciation, leur genre, etc.

L'élève écrira un certain nombre de mots terminés par :

a — opéra, tréma, pacha, etc.

Exceptions : odorat, frimas, état, etc.

ie — bougie, régie, ... la scie, ... la mie, ... broderie, ... géométrie, etc., etc.

Exceptions : fourmi, souris, etc.

ée — armée, année, etc.

Exceptions : charité, vérité, etc.

eau — manteau, etc., etc.

Exceptions: sarrau, étau, landau, artichaut, etc.

yau — noyau, tuyau, etc.

eux — *tous les adjectifs*: heureux, peureux, vieux, etc.

Exceptions : bleu et feu (adject.).

oue — joue, houe, etc.

Exceptions : la toux *et les subst. masc.*: verrou, chou, etc.

ue — rue, cohue, sangsue, etc.

Exceptions: vertu, bru, glu, tribu.

oie — Savoie, joie, etc.

Exceptions: la loi, la foi, la croix, etc.

aie — plaie, haie, etc.

Exceptions : la paix.

euil — seuil, recueil, accueil, etc.

Exceptions : le portefeuille.

ail — bail, portail, etc..

aille — bataille, paille, etc.

eil — sommeil, etc.

ille — oreille, corbeille, etc.

ier — poirier, acier, panier, etc.

nnaire — missionnaire (de mission), actionnaire, etc.

aiement - iement — paiement, maniement, etc.

oiement - ouement — nettoiement, dévouement, etc.

Exceptions: remercîment, dénûment.

emment — précédemment (précédent), prudemment, etc.

amment — vaillamment (vaillant), savamment, etc.

our — four, la tour, retour, etc.

cours — recours, concours, etc.
erre — terre, lierre, verre, etc.
ère — prière, colère, etc.
omme — pomme, gomme, etc.
ille — aiguille, vrille, etc.
il — avril, fusil, etc.
illier — *dans* marguillier, médaillier, joaillier, quillier, quincaillier, mancenillier, groseillier, aiguillier.
um — géranium, pensum, etc.
imm — immortel, immense, etc.
ance — enfance, garance, etc.
ence — présence, prudence, etc.

26e DEVOIR.

Mots difficiles à orthographier qui sont assez fréquemment employés.

L'élève copiera ce devoir, et écrira à côté de chaque mot sa signification, à moins qu'on ne lui fasse faire cet exercice de vive voix.

août,	adhésion,	annuaire,
almanach,	aujourd'hui,	apostrophe,
antipathie,	hier,	apocalypse,
sympathie,	astérisque.	atmosphère,
haine,	album,	anonyme,
ascension,	aspect,	pseudonyme,
arc-en-ciel,	arithmétique,	acception,

exception,
assemblée,
blasphème,
bienséance,
bacchante,
baïonnette,
baptême,
baume,
bizarrerie,
catarrhe,
asthme,
rhume,
érysipèle,
paralysie,
phthisie,
ceinture,
choléra,
cène (de J.-C.),
scène,
cygne (oiseau),
signe,
cyprès,
condamnation,
colophane,
cohéritier,
coke (combustible),
cuiller ou cuillère,
cep (de vigne),
dynastie,
diaphane,
dessert,

décès (mort),
écho,
exercice,
extinction,
eucharistie,
élysée,
euphonie,
épithète,
éphémère,
épiphanie,
faisceau,
fasciner,
féerie (de la fée),
faïence,
gymnastique,
gentiane,
geôlier,
gemme (sel),
gaz,
gaze (étoffe),
hostie,
hymne,
héroïsme,
hirondelle,
hiérarchie,
hiéroglyphe,
hydrogène,
hyménée,
hypocrisie,
hypothèque,
hyène (animal),

homonyme,
horizon,
hésitation,
hospice,
huppe,
inhumer,
idylle,
île,
itinéraire,
kilo,
kirsch (liqueur),
kyrielle,
lyre,
laudanum,
latitude,
legs (donation),
lithographie,
autographie,
lymphe,
lynx,
léthargie,
luth,
lycée,
larynx,
maximum,
minimum,
métamorphose,
méphitique,
moka (café),
mélisse,
menthe,

myrrhe,
myrte,
myopie (vue basse),
misanthropie,
philanthropie,
mystification,
mite (insecte),
mythe (fabuleux),
mître,
tiare,
mythologie,
mathématique,
nécessité,
naïveté,
nappe,
nasse (panier),
nymphe,
nautonier,
narcisse (fleur),
néophyte,
narration,
nœud,
obélisque,
obscène,
obsèques,
ocre,
œsophage,
ouate,
orphelin,
oscillation,
oxygène,

pyramide,
péristyle,
polytechnique,
pharynx,
pharmacie,
physionomie,
phosphore,
presbytère,
pamphlet,
pinnule,
polythéiste,
polysyllabe.
quadrilatère,
quartz (espèce de pierre),
quotient,
quintal,
quotidien,
quote-part,
quinquennal,
quatrain,
rhétorique,
rhum (liqueur),
rhubarbe,
reinette (pomme),
relais,
renne (animal),
réminiscence,
rets (filet),
rhinocéros,
riz,

reins,
sainfoin,
sandale,
sandaraque,
sceptre,
scission,
schisme,
signet,
susceptibilité,
sculpture,
sycomore,
symphonie,
synchronisme,
syndic,
synonymie,
sphère,
stère,
thé,
thermomètre,
théorie,
thésauriser,
trophée (un),
tympan,
taon (insecte),
thon,
technique,
térébenthine,
type (modèle),
trapèze,
télégraphie,
thuriféraire,

ustensile,
usufruitier,
utérin,
urgence,
usure,
ulcère,
vaccine,
wagon ou vagon,
verveine,
valériane,
véhémence,
velléité,
verdict,
vielle (instrument),
yacht (barque),
yole,
yeuse,
ypréau,
zèle,
zénith,
zéphyr,
zodiaque,
zoophyte.

27e DEVOIR.

Principaux homonymes.

Comme pour le devoir précédent, l'élève copiera ces homonymes, et mettra, à côté, leur signification, en s'aidant, soit d'un dictionnaire, soit des explications qu'on lui aura données préalablement.

alène,
haleine,

antre (caverne),
entre,

ancre (de vaisseau),
encre,

art,
are (mesure),
arrhes,
hart (lien),

auteur,
hauteur,

aulx (légumes),
eau,
haut,
au,
os,

aire (surface),
air,
ère,
hère,
haire (vêtement),

ami,
amict,

amande,
amende,

ban,

banc,

Canaries (îles),
canari,

cri,
cric,

cou (partie du corps),
coup,
coût (dépense),

chasse,
châsse,

coin,
coing,

coq,
coque (enveloppe),
coke,

cœur,
chœur,

canaux,
canots,

cahot,
chaos (confusion),

crême,
chrême (saint),

cent,
sang,
sent (il),
sens,
cens (impôt),
sans,

cerf,
serf (esclave),

champ,
chant,

chaîne,
chêne.

cène (de J.-C.),
scène.
saine,
Seine (fleuve),

chère (de cher),
chaire,
chair (viande),

compte,
conte,
comte,

date,
datte (fruit),

dessin,
dessein,

dais,
dey (titre des musulmans),
dès,
des (article),

danse,
dense (épais),

Eure (rivière de France),
heure,

exaucer,
exhausser (élever),

Foix (ville),
foie (le),
foi,
fois (une),

faisan (oiseau),
faisant,

fête,

faîte,

fin,
faim,
feint (supposé),

flanc,
flan (mets),

frais,
fret (terme de marine),
frai (de poissons),

fait,
faix (fardeau),

fond,
fonds (valeur),
fonts (de baptême),
font (ils),

grâce,
grasse (adjectif),
Grasse (ville),

gaz,
gaze (étoffe),

goutte,
goûte (il),

hôtel (auberge),
autel,

houe,
houx (arbrisseau),

halle,
hâle (effet du soleil sur la peau),

hutte,
ut (note),

héros,
héraut (d'armes),

joug,
joue (il),

jais (pierre précieuse),
geai (oiseau),

laid,
lai (religieux),
lait,
laie (une),
legs,

leste,
lest (poids en sus),

lutte,
luth,

maître,
mètre (mesure),
mettre,

mai (mois),
mets (ce que l'on mange),
mais,
mes,
met (il),

martyre (le),
martyr (un),

mère,
maire,

mors (frein),
mort,
mord (il),

mal,
mâle (masculin),
malle,

main,
maint (adjectif),

myrrhe,
mire,

nid,
ni,
n'y,

plant (jeune plante),
plan,

panser (soigner),
penser,

pause,
pose (il),

plainte,
plinthe,

poing,
point,

pois (légume),
poids,
poix (la),

plaine,
pleine (adjectif),

puits,
puis (adverbe),

pain,
pin (arbre),
peint (il),

palais,
palet (disque),

patte,
pâte,

pouls,
pou,

père,
paire (une),
pair (un),
perd (il),

prêt,
près (voisinage),

pomme,
paume (de la main),

quand,
camp,
kan (chef),

quart (un),
quartz (pierre),
car,

quartier,
cartier (qui fait des cartes),

riz,
ris (de rire),
rit (il),

Rome,
rhum (liqueur),

rein (partie du corps),
Rhin (fleuve),
Reims,

raie (une),
rais (un),
retz,
ré,
rez (de chaussée),

reine,
rène (courroie),
renne (un),
Rennes (ville),
raine
(ou)
rainette (espèce de grenouille),
reinette,

raisonner,
résonner (rendre un son),

sain (en bon état),
saint,
sein (partie du corps),
seing (signature),
cinq,
ceint (de ceindre),
sing (cloche),

serein (humidité),
serin,

sept,
cep,
ces,
ses,
c'est,
sait (il),

salle (une),
sale (adjectif),

saut,
sceau (cachet),
Sceaux (ville),
seau,
sot,

sel,
scel (autre forme de sceau),

selle (une),
selle (il),
scelle (il),
cèle (il-cacher),
celle,

sire (titre),
cire,

sol,
sole (poisson de mer),
saule,

sang,
sens,
sans,
sent (il),
cent,

temps,
tan (écorce),
taon (mouche),
tant,
tend (il),

tribu (une),
tribut (impôt),

tante (parente),
tente,

ton,
thon (poisson),
tond (il),

tain (feuille d'étain et de mercure pour glace),
teint,
thym (plante),
teint (il),
tint (il),
Thin *ou* Tain (ville),

Troye (ville),
Troie (ancienne ville),
trois,

toux (tousser),
tout,
toue (sorte de bateau),

voix,
voie (chemin),
voit (il),

vent,
van (du verbe vanner),
vend (il),

vin, vint (il), vingt, vain (adjectif),

veine, vaine (adjectif),

ver (insecte), vers,

vert (adjectif), verre,

vice (défaut), vis (une),

DEUXIÈME PARTIE.

ORTHOGRAPHE RELATIVE

OU GRAMMATICALE.

Substantif ou nom.

1er DEVOIR.

L'élève copiera bien exactement ce devoir, en désignant les noms qui sont substantifs ; on pourra faire mettre un s *sous chacun d'eux.*

En entrant en classe, les élèves doivent avoir le visage et les mains bien propres; leurs vêtements ne doivent pas être tachés ni déchirés. Ils doivent apporter des livres, du papier, des plumes, de l'encre, un crayon et une règle.

— Dieu plaça Adam et Ève dans un beau jardin. Louis, Emile, Rose, et leur cousin, sont des enfants bien élevés. L'Egypte, l'Arabie et l'Espagne sont des pays plus chauds que la Russie, l'Angleterre et le Danemark. Le roi, le berger, ainsi que tous les autres hommes, dépendent de Dieu. Lyon est dans le département du Rhône; Lons-le-Saulnier, dans celui du Jura.

2e DEVOIR.

L'élève distinguera encore les substantifs qui sont moins nombreux, et un peu plus difficiles à reconnaître que dans le devoir précédent.

Mon enfant, vous étudiez la grammaire, c'est-à-dire, vous apprenez à exprimer vos pensées d'une manière correcte. Vous faites bien, car tout Français doit savoir parler sa langue convenablement. Mais nous avons aussi souvent besoin d'écrire nos pensées; il importe donc que vous appreniez l'orthographe. Cette partie de la grammaire consiste à écrire les mots conformément à l'usage et aux règles établies. Cette étude importante est plus longue que difficile: appliquez-vous-y sérieusement, des progrès rapides couronneront vos efforts.

3e DEVOIR.

Substantifs abstraits.

On appelle ainsi les substantifs qui désignent des choses qui n'existent que dans notre pensée, comme le mot charité. — *Même distinction qu'au devoir précédent.*

La religion commande aux enfants d'avoir du respect et de l'amour pour leurs parents; elle veut aussi qu'ils aient de la soumission à leurs ordres, et de la reconnaissance pour leurs bienfaits. Un enfant qui a reçu une bonne éducation possède tous ces sentiments; il rougirait de manquer aux lois de l'obéissance, et il n'a pas même l'idée de l'ingratitude. — La foi, l'espérance et la charité sont des vertus chrétiennes; l'honnêteté, la modestie, la propreté, sont des vertus morales.—La curiosité est le défaut de l'enfance. — La douceur, la patience, la candeur et la simplicité sont des qualités qui parent mieux une jeune personne que les plus riches vêtements. — Une bonne action laisse à son auteur un souvenir agréable. — L'avarice ferme le cœur à toutes les jouissances; la bienfaisance procure une douce satisfaction. — La constance et la persévérance sont deux grands moyens de succès.

4e DEVOIR.

Pour ce devoir, l'élève écrira deux listes de dix substantifs chacune; dans la première, il mettra des noms de qualités ou de vertus; dans la deuxième, des noms de défauts ou de vices.

QUALITÉS OU VERTUS.	DÉFAUTS OU VICES.
docilité,	paresse,
....	....

5e DEVOIR.

Substantif commun. — Substantif propre.

En copiant ce devoir, l'élève mettra s. c. *sous les substantifs communs, et* s. p. *sous les substantifs propres.*

La Loire est le plus grand fleuve de la France. — Le Mont-Blanc est le pic le plus élevé de l'Europe; mais l'Asie et l'Amérique possèdent des montagnes d'une plus grande élévation. — Racine et Boileau sont deux poëtes qui existaient sous Louis XIV. — Joseph et son oncle Richard iront à Marseille au mois de septembre, ils arriveront le samedi ou le dimanche.—Bœuf.—Emile.—Lion.— Lyon. — Jardin. — Rose. — Encrier. — Village. — Faubourg. — Rue. — Prusse. — Raisin. — Main.

6e DEVOIR.

L'élève composera une liste de dix substantifs propres et une autre de dix substantifs communs.

GENRE DES SUBSTANTIFS.

7e DEVOIR.

L'élève mettra s. m. *sous les substantifs masculins et* s. f. *sous les féminins.*

L'année se divise en quatre saisons : le printemps, l'été, l'automne, et l'hiver. Dans la première saison, la nature sort de son engourdissement ; les plantes et les arbres se couvrent de feuilles et de fleurs qui annoncent les fruits. Les chaleurs de l'été hâtent la végétation et amènent la maturité du blé et des autres céréales dont on fait la récolte dans cette saison. L'automne achève de mûrir les plantes et les fruits qui ne sont pas récoltés en été, tels que le raisin, les pommes, les poires, et un grand nombre d'autres productions agricoles. Enfin, l'hiver arrivé, la nature, sous l'influence du froid, semble mourir pour renaître au printemps et recommencer son action bienfaisante.

Encre, encrier, affaire, serpent, vipère, aurore, orage, auberge, garde-robe, exemple, almanach, horloge, ongle, atmosphère.

8e DEVOIR.

L'élève écrira dix substantifs masculins désignant des animaux, et dix substantifs féminins désignant des végétaux.

Formation du féminin dans les substantifs.

Beaucoup de substantifs féminins se forment à l'aide de substantifs masculins auxquels on fait subir un léger changement dans leur terminaison, comme : berger-bergère, — paysan - paysanne, etc.

9e DEVOIR.

En copiant ce devoir, l'élève écrira à côté de chaque mot son féminin correspondant.

saint,	lion,	maître,
nain,	chat,	traître,
boulanger,	paon,	âne,
président,	européen,	tailleur,
cousin,	italien,	acteur,
marquis,	plébéien,	cultivateur,

10e DEVOIR.

Certains substantifs féminins n'ont aucune ressemblance avec les sublantifs masculins correspondants.

L'élève tâchera de trouver le féminin correspondant des substantifs suivants :

homme,	cheval,	pré (corr. fém.) *prairie*,
monsieur,	bœuf,	

mari,	coq,	mont,
roi,	mouton,	chemin - *route*,
garçon,	cerf,	océan,
		tombeau,

Enfin, une infinité de substantifs n'ont pas de féminin correspondant.

NOMBRE DES SUBSTANTIFS.

11e DEVOIR.

L'élève mettra s. s. *sous les substantifs singuliers, et* s. p. *sous les pluriels.*

Nous ne devons pas oublier que Dieu est notre créateur et notre père : il a fait aussi la terre, les eaux et tous les astres du firmament. Les anges qui sont dans le paradis sont aussi ses créatures.—Les enfants, comme les plantes, ont besoin de culture.—Le colonel commande les soldats de son régiment. —Les Pyrénées séparent la France de l'Espagne.—Ce voyageur a visité les Indes, il a vu des choses curieuses, car les habitants de ce pays ont des mœurs bien différentes des nôtres.—Arles est une ville du département des Bouches-du-Rhône.—Le jeu de cartes n'exerce pas le corps et il fatigue l'esprit.

FORMATION DU PLURIEL DANS LES SUBSTANTIFS.

12e DEVOIR.

L'élève mettra tous ces substantifs au pluriel, en changeant le, l', la, *en* les; *et* un, une, *en* des.

le livre,	la houlette,	le lilas,	un baril,
la fleur,	un balais,	une charrue,	le riz,
un fusil,	une montée,	le puits,	la loi,
l'hameçon,	le piquet,	le cœur,	le discours,
le hanneton,	un défaut,	la sangsue,	le héros,
le sofa,	le numéro,	le bois,	le cylindre,
le papier,	le plafond,	une noix,	un refus,
un œuf,	un dépôt,	le nez,	le succès,
le poulain,	le boulanger,	la vérité,	un mois,
la force,	un soldat,	le foie,	le toit,
un javelot,	un district,	le poids,	le nid,
une femme,	la vertu,	la voix,	la toux,

13e DEVOIR.

L'élève écrira trois listes de dix mots chacune; dans les deux premières, il mettra des mots qui se terminent au singulier par un s; *et dans la troisième, des mots qui se terminent par* x *ou* z *au singulier.*

14e DEVOIR.

Subtantifs en *eu, œu, au, ou.*

Ceux en eu,*prennent* x,
— œu — id.,
— au -- id., excepté sarrau et landau (s),
— ou — id.,exc. 7 subst.: bijou, caillou,etc.(1).

L'élève mettra au pluriel les substantifs suivants :

un moyeu,	le domino,	le verrou,
le creux,	le rhinocéros,	un bambou,
un vœu,	la chaux,	le loup,
le tilleul,	un gâteau,	le joujou,
l'essieu,	le hoyau,	le landau,
un treuil,	le sarrau,	la joue,
un agneau,	le plateau,	le cou,
le taureau,	le bijou,	un fou,
le zéro,	un clou,	un anneau,
le fléau,	le chou,	un sou,

15e DEVOIR.

Subst. terminés par al-ail.

Les substantifs terminés au singulier par :
al, changent, lorsqu'ils sont employés au pluriel,

cette finale en *aux* : le tribun*al*, les tribun*aux*, etc.

Excepté : *aval*, *bal*, *bancal*, *cal* (durillon), *carnaval*, *chacal*, *narval* (poisson), *nopal* (arbre), *pal* (de fer), *serval*, etc., qui prennent *s* ;

ail, prennent un *s* au pluriel : un port*ail*, des portail*s*.

Excepté : *bail* (à ferme), *corail*, *émail*, *soupirail*, *travail*, *vantail*, *vitrail*, qui changent *ail* en *aux*.

Subs. *ciel*, *œil*, *aïeul*.

Ces substantifs ont chacun deux formes au pluriel :

ciel {*cieux* ; *ciels* ; œil {*yeux* ; *œils* ; aïeul {*aïeux*. *aïeuls*.

Questionnaire. — *Les élèves écriront sans le secours de la grammaire, s'il est possible, les réponses aux questions suivantes :*

1. Quand est-ce qu'un substantif est féminin ? 2. Quand est-il employé au pluriel ? 3. Quelle lettre met-on le plus souvent à la fin d'un nom pluriel ? 4. Dites par quelles lettres un substantif doit être terminé au sing., pour ne subir aucun changement lorsqu'il sera employé au pluriel ? 5. Comment les subst. terminés en *al* font-ils au pluriel ? 6. Dites les exceptions. 7. Ceux en *ou* ? 8. Dites les exceptions. 9. Dans quel cas le mot *aïeul* fait-il son pluriel par *s* ? 10. Le mot *ciel* ?

16e DEVOIR.

L'élève complétera les mots commencés.

Les enfant... qui préfèrent les joujou... aux livre..., sont semblables à ces fou... qui échangent leur argent... contre le faux brillant d'un jeton. — Nos chasseur... entrèrent dans ce bois taillis ; ils tirèrent plusieurs coup... de fusil à des loup..., à des renard..., à des lapin..., à des perdrix..., à des coucou... et à beaucoup d'autres animal... — Tous les pays... ont des usage... des habitude..., des mœurs qui diffèrent. — Mes neveu... ont trouvé des nid... de hibou... dans des creux d'arbres et dans les trou... des mur... de ces vieux château... — Les porte... des prison... et des cachot... sont garnies de gros clou... et de verrou... solides. — Mes deux filleul... sont très-studieux ; ils ne se livrent aux jeu... qu'après avoir fait leurs devoir... — Les bijou... et les joyau... sont des objet... dont beaucoup de personne... se passent sans la moindre souffrance...

17e DEVOIR.

L'élève complétera les mots qui ne sont pas achevés.

Les zéro... qu'on place à la gauche d'un nombre n'en changent pas la valeur... — Nos cheval... poussaient des hennissement... aux son... de la trompette guerrière, et au cliquetis des arme... — Les caporal..., les brigadier..., les sergent... et les maréchal... des logis... sont les sous-officier... des régiment... d'infanterie et de cavalerie. — Certains cavaliers sont armés de bancal... — Les arsenal... sont des local... où l'on renferme le matériel de guerre. — Il se donna beaucoup de bal... pendant les deux derniers carnaval... — Le jour de cette fête, on offre des régal... aux jeunes enfant... — Donnez-moi des détail... sur les travail... qu'on a faits aux différents canal... qui doivent servir au dessèchement de ces lieu... humides. — J'ai trouvé ces clou... sous des feuilles de chou... — On m'a donné des conseil... sur les bail... à ferme. — Toutes les capitale... ont de grands hôpital...

18e DEVOIR.

L'élève complétera les mots commencés.

Les épouvantail... immobiles ne font peur aux oiseau... et autres animal... que pendant quelques jour... — Les corail... se pêchent au fond des mer... — Nous avons déchiré nos éventail... aux clou... de l'un des vantail... de votre porte. — Les habitant... de ce hameau... ont adressé une pétition au ministre des travail... publics. — Les païen... croyaient aussi que leurs dieu... étaient dans les ciel... — Les ciel... de ce peintre sont bien sombres. — Votre enfant a mal aux œil... — Les Gaulois, nos aïeul... aimaient la guerre. — Les œil... du pain le rendent plus léger. — Mes deux aïeule... (grand'mères) sont mortes le même jour. — Cette propriété me vient de mes bisaïeul... — Tous nos ciel... de lit sont usés. — Nos aïeul... étaient plongés dans l'ignorance; ils vivaient dans les superstition... les plus ridicules.

19e DEVOIR.

Pour faire ce devoir, l'élève divisera sa page en deux parties; il copiera le devoir dans celle de gauche, ensuite il le traduira au singulier dans celle de droite.

Les maisons du village. — Les crayons et les règles des marchands. — Les fauteuils de luxe. — Les soies et les tissus de l'Inde. — Les nez des enfants. — Les bras et les poings de l'hercule. — Les châteaux et les chevaux du seigneur. — Les cheveux et les yeux de ma tête. — Les écureuils des bois. — Les cailloux et les choux de la campagne. — Les filous des villes et des bourgs. — Les tuyaux du poêle. — Les généraux et les caporaux des armées. — Les bals du printemps. — Les loups, les ours, les chacals et les servals de l'Amérique. Les travaux des ouvriers. — Les étaux des maréchaux. — Les baux du fermier. — Les vitraux de la cathédrale. — Les yeux des oiseaux. — Mes aïeuls.

20e DEVOIR.

Il y a des substantifs qui ne sont d'usage qu'au singulier, comme *le plomb*, *la foi*, etc. D'autres ne s'emploient qu'au pluriel, comme *entrailles*, *arrhes*, etc.

L'élève écrira 10 subst. du 1er cas et autant du 2e.

21e DEVOIR.

L'élève écrira en colonnes, les subst. suivants, et mettra à côté de chacun d'eux le mot qui offre une signification opposée, comme: Instruction, *ignorance.* — Froid, *chaleur*, *etc.*

Richesse. Vérité. Adresse. Malhonnêteté. Bonheur. Force. Joie. Attention. Timidité. Orgueil. Humidité. Méchanceté. Patience. Rapidité. Fertilité. Désobéissance. Culpabilité. Jeunesse. Promptitude. Infériorité. Force.

22e DEVOIR.

Analyse.

L'élève analysera les subst. suivants ; c'est-à-dire, indiquera à quelle classe, à quelle espèce, à quel genre et à quel nombre appartient chacun d'eux.

Livre. Marie. Chapeaux. Ernest. Patience. Croix. Château. Encre. Italie. Pyrénées. Fleurs. Bordeaux. Animal. Yeux. Bois.

Livre. — substantif commun, masculin, singulier.

Questionnaire. — 1. Dans une phrase, quels sont les mots qui sont subst. ? 2. Qu'est-ce que le subst. propre ? 3. Qu'est-ce que le genre ? 4. Le nombre ? 5. Comment les subst. en *al* forment-ils leur pluriel ? 6. Quelles sont les exceptions? 7. Comment un subst. doit-il être terminé au sing. pour prendre un *x* au pluriel ? 8. Comment reconnaît-on qu'un subst. est du genre féminin ?

ARTICLE.

23e DEVOIR.

L'élève soulignera les mots qui sont articles.

Le globe terrestre se compose de terre et d'eau. Les mers sont le réservoir des fontaines, des ruisseaux, des rivières et des fleuves qui coulent sur la surface de la terre. L'eau des mers, en se volatilisant, forme des nuages qui produisent la pluie ; et celle-ci alimente les fontaines, les ruisseaux, etc. La partie terrestre du globe présente bien des variétés : nous y trouvons des montagnes, des coteaux, des vallées, des plaines. Sur toute cette surface, la main de Dieu a semé des plantes utiles ou agréables ; les unes croissent sur le flanc des montagnes, tandis que d'autres ne peuvent se développer qu'au fond des vallées. Chaque pays en a de particulières. Le climat du Nord ne convient pas aux productions du Midi. Les grandes forêts se trouvent principalement dans les pays froids, sur les montagnes, tandis qu'aux arbres fruitiers, aux fleurs et à beaucoup d'autres plantes, il faut des climats plus doux.

24e DEVOIR.

Article simple et élision.

le - l' — la - l' — les.

L'élève mettra l'article convenable devant ces subst.

— doigt, — poire, — soie, — consentement, — physique, — oiseau, — automne, — héron, — élève, — buis, — hiver, — chevaux, — historien, — historiens, — hanneton, — opulence, — fleur, — amitié, — héritière, — héritier, — hache, — livres, — horloge, — échos, — homme, — vertu, — encre, — héliotrope, — hiérarchie, — oiseaux, — horloges, — mystère, — animal, — hasard, — avarice, — hérésie, — hampe, — héritiers, — crainte, — erreur, — voix, — œil, — opulence, — hirondelle, — hannetons, — veaux, — orteil, — honte, — autels, — pardon, — hibou, — vie, — urne, — hypocrisie, — haine, — haches, — patience, — fils, — hôtel, — étude.

25e DEVOIR.

Article contracté.

m. sing.	m. ou fém. sing.	f. sing.	m. ou fém. plur.
du —	*de l'* —	*de la* —	des
au —	*à l'* —	*à la* —	aux

L'élève remplacera le tiret par les expressions ci-dessus.

Nous avons mangé du pain, — fromage, — œufs, — soupe, — oseille, et — fruits. J'ai bu d — vin, — eau, — limonade, — lait et — liqueurs. Nous allons à — église — hameau. — marché, on vend — blé, — farine, — légumes et — fleurs. Ne faites pas de mal — enfants, — père, ni — mère. — hirondelle détruit — insectes. — dissipation conduit à — ignorance et — remords. Nous devons des égards, — respect et — reconnaissance — vieillards. — orgueil rend — enfants abominables — yeux de Dieu et — hommes. — chiens donnent la chasse — loups, — renards et — voleurs. Ne dis pas — indigents : tu me dois — argent. Je donne mon temps — hommes, ma vie — patrie et mon âme — ciel.

26e DEVOIR.

Analyse.

Tous les mots suivants :

Les enfants du hameau. — Des fruits du marché. — Aux animaux du désert. — La classe du matin. — Au bruit du vent. — L'habitant du Brésil. — La fleur des champs.

Questionre. 1. Qu'est-ce que l'article ? 2. Quand est-il composé ? 3. Quand faut-il l'élider ? 4. Décomposez aux, des, du ? 5. Devant quels subst. la contraction n'a-t-elle pas lieu ?

ADJECTIF QUALIFICATIF.

27e DEVOIR.

L'élève désignera les adjectifs en mettant adj. sous chacun d'eux.

Tous les êtres que la main bienfaisante de Dieu a placés sur la terre, se divisent en trois grandes classes : les animaux, les végétaux et les minéraux. Le gros bœuf, le cheval robuste, le chien fidèle, sont des animaux domestiques très-utiles. Les petits oiseaux chanteurs, aux couleurs variées, qui animent nos épaisses et sombres forêts ainsi que nos bocages odoriférants, impénétrables aux rayons brûlants du soleil, sont des animaux sauvages fort agréables. Le féroce lion, au corps nerveux, le tigre sanguinaire, l'ours pesant et le loup carnassier sont des animaux sauvages très-dangereux, mais qui vivent éloignés de la société humaine, dans des déserts inconnus, ou sur des montagnes inabordables. La terre humide, les marais croupissants, les ruisseaux fangeux, nourrissent encore une nombreuse classe d'animaux dégoûtants ou venimeux : le sale crapaud, le serpent et la vipère au venin dangereux et mortel. L'atmosphère qui entoure le globe terrestre, et la mer profonde ont aussi une nombreuse société d'êtres qui diffèrent par leurs formes bizarres et par leurs proportions variées.

NOTA. — *On demandera à l'élève à quel subst. chaque adj. se rapporte.*

28e DEVOIR.

L'élève ajoutera à chacun des subst. suivants, plusieurs adj. qui puissent les qualifier.

Homme. Maison. Élève. Cheval. Étoffe. Ville. Route. Encre. Table. Pays. Écriture. Papier. Soleil. Voiture. Cœur. Campagne. Histoire.

Homme *grand, gros, fort, robuste, propre,* etc.

Ville *ancienne, commerçante, populeuse, agréable.*

FORMATION DU FÉMININ DANS LES ADJECTIFS.

29e DEVOIR.

L'élève mettra au féminin les adj. qualific. suivants:

Grand,	puéril,	zélé,	propre,	chrétien,
blond,	léger,	dévoué,	modeste,	musicien,
rond,	cher,	joli,	tel,	bas,
seul,	amer,	bleu,	cruel,	las,
fatal,	plat,	vert,	pareil,	gros,
final,	étroit,	jaune,	vermeil,	bon,
original,	gris,	rouge,	muet,	paysan,
mutin,	soumis,	certain,	propret,	nul,

30e DEVOIR.

L'élève complétera les mots commencés.

La paresse est fatal... à la jeunesse léger... volage... et insouciant... — Cette étoffe bleu... est plus joli... que ce tissu gris... — Un garçon propre... et modeste... est cher... à sa mère. — Une fille propre... et modeste... est cher... à sa mère. — Cette vieil... femme est chrétien..., celle-ci est païen... — Pour qu'une page d'écriture soit joli..., il faut qu'elle soit propre..., plein..., net... et point froissé... — Cette liqueur vermeil... qui paraît si épais... et si gras... doit être bien bon... —Complet..., concret..., discret..., inquiet..., replet..., secret..., *muet*...

31e DEVOIR.

Pour faire les exercices suivants, l'élève divisera sa page en deux parties ; chaque membre de phrase passera par les deux genres, le masculin d'un côté et le féminin de l'autre.

Cet empereur romain fut méchant, cruel et impitoyable. — Un petit garçon doit être bon, sage, propret, discret et dévoué. — Un cabinet, bas, profond, obscur et malsain. — L'homme muet, gros, gras, replet et inquiet.

Une pêche vermeille, grosse, ronde, rouge, veloutée et mûre. — Joséphine est aimable, polie, obéissante, instruite, discrète et zélée. — Nulle femme ne peut être parfaite et accomplie.

Nota. — *Lorsqu'un substantif, comme* cabinet, *ne peut pas être traduit directement au féminin, on fait usage d'un mot de genre opposé et qui ait une signification à peu près analogue, comme :* chambre, *pour* cabinet.

—

32e DEVOIR.

Mettre au féminin :

Neuf,	fameux,	vieux,	franc,	grec,
vif,	bleu,	fou,	sec,	tel,
bref,	jaloux,	mou,	frais,	fripon,
massif,	doux,	beau,	public,	saint,
heureux,	faux,	jumeau,	turc,	sain,
peureux,	roux,	nouveau,	caduc,	maint,

—

33e DEVOIR.

Comme au 30e devoir.

Un jeune chat vif, peureux, doux, beau, adroit et intéressant. - Ce vieux marchand grec fut proscrit, malheureux et abandonné. - Ce chapeau blanc est mou, lourd, massif et grossier. - Cet homme caduc fut vigoureux et sain.

Cette jeune femme turque est plus robuste, plus rousse, plus gaie, plus courageuse, plus vive et plus hardie que cette belle fille grecque.—La place publique est spacieuse, unie, carrée et commode.

34e DEVOIR.

Mettre au féminin:

Long,	ambigu,	favori,	aquilin,
oblong,	aigu,	coi,	châtain,
bénin,	contigu,	témoin,	fat,
malin,	exigu,	grognon,	dispos.

35e DEVOIR.

Comme au 30e devoir.

Ce discours fut long, ambigu et ennuyeux. (Cette harangue fut, etc.) Ce sabre est aigu, pointu, tranchant, épais et souple. — Ce vieil homme caduc fut témoin oculaire de ce fait. — Après son jugement, cet homme grognon et rébarbatif, se tint coi.

Cette femme maligne, qui avait la voix aiguë, fausse et criarde, était la favorite de la princesse. — Cette terre oblongue est contiguë à votre jardin.

36e DEVOIR.

Adjectifs terminés par *eur*.

Mettre au féminin:

en *euse:*		en *trice:*	en *eresse:*	en *eure:*
parleur,	tailleur,	lecteur,	enchanteur	supérieur,
revendeur,	porteur,	débiteur,	pécheur,	extérieur,
plaideur,	coureur,	(qui doit).	demandeur	majeur,
pêcheur	menteur,	protecteur,	(en justice).	mineur,
(de poisson).	voleur,	inspecteur,	défendeur	meilleur,
bâilleur	crieur,	conducteur,	(id).	—
(qui bâille).	liseur,	inventeur,	bailleur	gouverneur
chasseur,	glaneur,	créateur,	(de fonds).	ambassa-
demandeur,	chanteur,	délateur,	vengeur,	deur.
devineur,		spoliateur,	devin,	serviteur,
plaideur,			chasseur	*auteur*.
			(en poésie).	

37e DEVOIR.

Comme au 30e devoir.

Un païen pêcheur, chasseur, revendeur, plaideur, menteur et avare. — Cet étranger est très-industrieux, il est inventeur d'une mécanique ingénieux... — Ce lecteur public est criard, ennuyeux et inintelligible. — Ton cousin sera défendeur du bailleur, et ton frère défendra le preneur (*ce dernier mot, dans ce cas, n'a pas de forme par-*

ticulière au féminin.) — Un garçon mineur doit avoir un tuteur jusqu'à ce qu'il soit majeur. — Ton parent est preneur de tabac et liseur de vieilles légendes.

Cette mahométane pécheresse et criminelle, qui était calomniatrice et médisante, devint meilleure après sa conversion. — Cette ambassadrice, qui est auteur, est débitrice de deux mille francs à la gouvernante de ses enfants. — La foudre vengeresse porte la terreur chez les hommes impies.

38e DEVOIR.

L'élève complétera les mots commencés.

Au retour de la long... promenade récréatif... que nous avons faite la semaine passé..., ma mère était bien las... et bien fatigué... —Cette vieil... femme perclus... a été courageux..., vif..., frais... et travailleur...—Votre chienne blanc... est gros..., replet..., craintif..., paresseux... gourmand... et désagréable... — Cette pomme est bien sain... et bien doux... — La jeunesse est volage... et imprévoyante... —Une âme généreux... et sensible... conserve une reconnaissance vrai... et éternel... pour le bien qu'on lui a fait. — L'étude n'est ennuyeux... et fatiguant... que pour la jeunesse étourdi... et insensé... —Notre propriété est contigu... à la vôtre. — Depuis que notre jeune... sœur est malade..., elle est devenue grognon... et malin...—Cette fameux... actrice a été chanteur... dans les cafés de sa ville natal... — Cette joli... maison de campagne est notre habitation favori...

39e DEVOIR.

Analyse.

La table carrée.—L'ignorance coupable. —Les enfants chéris des parents... — La nouvelle église du hameau. — Le menteur puni.

La...... *article simple, féminin, singulier.*
table.... *subst. commun, féminin, singulier.*
carrée... *adjectif qualificatif, feminin, singulier.*

FORMATION DU PLURIEL.

40e DEVOIR.

L'élève mettra au pluriel les adj. qualificatifs suivants :

Avare,	cruel,	gris,	bleu,	égal,	fatal,
grand,	cruelle,	diffus,	zélée,	original,	final,
parleur,	témoin,	nouveau,	tardif,	oriental,	pascal,
étroite,	public,	peureux,	vertueux,	libéral,	glacial.

41e DEVOIR.

L'élève mettra le singulier d'un côté de la page, et traduira au pluriel, au côté opposé.

Le peuple oriental. — Le poil de ce cruel animal. — L'homme vertueux et patient. — Le son final des mots.

— La lettre initiale et finale de ce nouveau substantif. — Un coup théâtral. — Le manteau impérial et royal. — Une assurance mutuelle et générale — Le fruit dur, vert, tardif et mauvais. — Un œil bleu, vif et spirituel. — Le conseil municipal. — Un cierge pascal. — Un son musical et harmonieux. — Un pays glacial. — Le repas matinal et frugal. — Une bataille navale. — Un combat naval.

42e DEVOIR.

REMARQUE. — L'adjectif prend le genre et le nombre du subst. ou des substantifs auxquels il se rapporte ; si un adj. qualifie plusieurs subst. singuliers, il se met au pluriel, et, s'ils sont de genres différents, l'adj. se met au masc. plur.

A côté de chaque substantif en colonne, l'élève ajoutera les adjectifs : sage, prudent, poli, dévoué, fier *et* heureux *qu'il fera accorder selon la règle.*

Un homme	sage, prudent, poli, dévoué, fier et heureux.
Une femme	sage, prud...., etc.........
Une femme et un homme	....
Des hommes	....
Des femmes	....
Des femmes et des hommes	....

— *Il ajoutera les adj. :* neuf, solide, haut, aéré, isolé *et* lointain, *aux subst. suivants :*

La maison	neuf........

Le château ....
La maison et le château ....
Les châteaux ....
Les maisons ....
Les maisons et les châteaux ....

43e DEVOIR.

L'élève mettra avant chaque série des adj. ci-après, celui des deux subst. homme *ou* femme *qui conviendra, en lui donnant le nombre indiqué par les adj.*

...... honnête, franche, pieuse, douce et bonne.
...... honnêtes, francs, pieux, doux et bons.
...... honnête, franc, pieux, doux et bon.
...... honnêtes, franches, pieuses, douces et bonnes.
...... vives, gaies, discrètes, gentilles et spirituelles.
...... loyal, instruit, généreux, âgé et probe.

44e DEVOIR.

Analyse.

La piété filiale. — Les jeunes personnes propres, modestes. — Des fruits précoces. — La chair des animaux sauvages. — La sœur et le frère polis, aimables et laborieux.

45e DEVOIR.

Questionnaire.—1. Qu'est-ce que l'adj. qualificatif? 2. Où se place-t-il? 3. De quel genre et de quel nombre est-il? —Réponse.—Il prend le genre et le nombre du subst. auquel il se rapporte. 4. Comment les adj. terminés au masculin par *el*, *eil*, *on*, *ien*, font-ils au féminin? 5. Quel est le signe du féminin pour les adjectifs? 6. Citez des adj. qui ont la même forme pour les deux genres? 7. Comment les adj. font-ils leur pluriel?

46e DEVOIR.

La plupart des adj. qualific. sont tirés directement d'un subst.

L'élève écrira en colonnes les adj. suivants, et mettra à côté de chacun, le subst. d'où il est tiré: — bon-bonté.

Honnête, blanc, ennuyeux, pieux, frais, grand, instructif, zélé, agréable, ancien, nouveau, naïf, beau, filial, franc, avare, seul, douteux, vrai, humain (homme), majeur, consolateur, moral, nasal, infidèle, terrestre, solennel, oriental, fertile, populeux, nourrissant, gazeux, vocal, éternel, maritime, européen, Parisien, soyeux, humide, attentif, voisin, sage, paisible, visible, nominal, héroïque, aérien, confus, chrétien (Christ), sensuel, guerrier, additionnel, cruel.

47me DEVOIR.

Il y a des mots qui sont tantôt subst. et tantôt adjectifs.

L'élève composera des membres de phrase, ou de petites phrases entières, dans lesquelles chacun des mots suivants sera employé d'abord comme subst., puis comme adjectif. Il divisera sa page en deux.

Ignorant, coupable, insensé, pauvre, égoïste, malade, parleur, paresseux, protecteur, avare.

Un ignorant embarrassé.	Aujourd'hui il y a moins d'hommes ignorants.

48e DEVOIR.

Récapitulation sur la formation du féminin et du pluriel des adjectifs.

L'élève complétera les mots commencés.

La nombreux... classe des animaux sauvage... ou domestique... se divise en un grand nombre d'autres petit... classes. Quelques-unes de ces dernières divisions tirent leurs noms respectif... des lieu... qu'habite l'espèce : les animaux sont appelés terrestre... aquatique... aérien... ou amphibie..., selon qu'ils passent leur vie vagabond... ou laborieux... et actif..., sur la terre, dans les eau... fluvial..., maritime..., marécageux... ou autre... ; dans l'air et alternativement sur la terre et dans l'eau. Leurs mœurs, leurs habitudes et leurs usages sont aussi divers... que leurs formes et leurs couleurs sont différent... et varié... Leur genre de nourriture détermine encore des classes et des noms particulier... : on appelle animaux carnivore... ceux qui se nourrissent de chair ; animaux herbivore... ceux qui se nourrissent d'herbe ; animaux frugivore... ceux qui se nourrissent de fruits. L'homme est omnivore..., c'est-à-dire qu'il mange de tout. Les uns se logent dans des antres profond..., sombre..., obscur... et tortueux... ; d'autres se cachent dans l'herbe sech..., épais... et touffu... ou sur les long... branches des arbres, dans des nids très-mou..., très-coquet... et très-doux....

49me DEVOIR.

L'élève complétera les mots commencés.

Une vif... et doux... sympathie s'établit vite entre les caractères égal... ou entre les personnes malheureux... — Faible... et craintif..., les jeunes poussins se cachent sous l'aile protecteur... de leur mère inquiet... et alarmé... à l'approche de l'oiseau de proie aux serres meurtrier... et cruel... — Si votre destinée est tel... vous devez éprouver des douleurs inouï... — Ma sœur cadet... a reçu une éducation complet... — Les accusés ont fait une réponse ambigu... et tardif... — Cette jeune... personne, qui a une santé si frêle..., est une excellent... musicien...; elle est aussi écrivain distingué, car elle a composé des poésies fugitif... qui sont enchanteur... par la grâce et l'élégance exquis... dont elles sont ornées. — Ma cher... sœur, tu es ma meilleur... amie et ma seul... consolateur... dans cette contrée lointain... et désert... où l'on m'a exilé ; tu as été témoin... des malheurs inouï... et irréparable... que j'ai éprouvés et qui seront cause que ma chétif... et languissant... existence fera bientôt place au repos éternel... que je goûterai sous la sombre... et froid... pierre sépulcral... qui protégera mes restes mortel... — Les gens oisif... fréquentent souvent les places public... où l'on n'entend guère que des conversations banal..., ou des détail... trivial... sur les nouvelles quotidien...

ADJECTIF DÉTERMINATIF.

50me DEVOIR.

Adjectifs numéraux.

L'élève distinguera les adj. numéraux cardinaux et les adj. numéraux ordinaux, en mettant num. c. *sous les premiers et* num. o. *sous les autres. Il écrira les uns et les autres en toutes lettres.*

Depuis l'année 420, époque à laquelle la nation française a pris naissance, jusqu'à la révolution de 1789, on ne compte que 3 familles différentes dont les membres ont gouverné l'État. La 1re est celle des Mérovingiens, qui a pris son nom de Mérovée ; elle a fourni 22 rois. Clovis, 5me roi de la 1re race, en est le plus remarquable ; il a remporté 4 ou 5 grandes batailles et a considérablement agrandi son royaume naissant. La 2me race, dite des Carlovingiens, commence en 751 avec Pépin le Bref, elle tire son nom de son 2me roi, Charlemagne, qui a été un des plus grands souverains de son époque. Il fut couronné empereur 800 ans après la naissance de J.-C., et porta ce titre pendant 14 ans. Cette famille eut pour 13me et dernier roi, Louis V. La 3me race, qui commence en l'année 986, se divise en plusieurs branches et compte un certain nombre de grands princes, tels que Louis IX, Charles V, Henri IV qui régna de 1589 à 1610, Louis XIV qui a soutenu tant de guerres et sous le long règne duquel les arts et les sciences s'élevèrent à un si haut degré de splendeur.

51me DEVOIR.

Adjectifs possessifs.

L'*élève mettra* adj. p. *sous chacun d'eux.*

Mon père passe sa vie à diriger ses affaires, à veiller aux soins de mon éducation, et à charmer ses loisirs par la culture de son intelligence. Je me conduis selon ses sages conseils, et la paix et le bonheur m'accompagnent sur la route de la vie. Mes cousins ont passé leur jeunesse dans la paresse et la dissipation; aujourd'hui leurs parents sont honteux de leur ignorance et de leurs mauvais penchants. Amasse dans ton esprit beaucoup de connaissances, et tu seras riche ; délivre ton cœur de ses inclinations perverses, et ta vieillesse sera longue et heureuse.

Mettre devant les subst. suivants, celui qui convient des deux adj. poss. mon, ma :

... cheval, oiseau, livre, mère, histoire, hache, fleur, assiette, fourchette, poire, âme, hirondelle, héron, hameçon, encre, idée, etc.

—

52me DEVOIR.

Adjectifs démonstratifs.

L'élève mettra adj. d. *sous chacun d'eux.*

m. s.	f. s.	pl. des 2 genres.
ce	»	ces
cet	cette	»

Ce marchand a trompé cet enfant, cette fille et ces deux hommes, en leur vendant ces mauvaises étoffes. J'ai vu, cet hiver dernier, dans ce hameau, ces hommes redoutables dont tout le monde évite la rencontre. — Ces hirondelles et ces autres oiseaux quitteront bientôt ces hameaux. Ce voiturier a perdu ses chevaux. Je me rappelle encore ces tristes jours que j'ai passés dans ce cachot ténébreux. Cet étranger a été témoin de cette aventure.

Mettre devant chaque subst. suivant, l'adj. démonstr. convenable :

Corbeau, oiseau, oiseaux, hirondelles, fille, homme, hameau, hiver, automne, encre, ancre, odeur, haricot, horloge, noyaux, pomme, eau, bras, honneur, bois, croix, roi, chansons, perdrix, œil, lieux, aile.

53me DEVOIR.

Adjectifs indéfinis.

L'élève mettra adj. ind. *sous chacun d'eux.*

Chaque partie du globe nourrit ses animaux particuliers; une contrée quelconque ne convient pas à toutes les espèces; ainsi, tel animal qui se développe dans la plaine même où il est né et où il trouve sa subsistance, périrait après quelque temps de séjour au sein des montagnes, où il ne saurait trouver aucun vestige de son élément de nourriture. Au contraire, tel autre préfère le climat et la vie des montagnes ; aussi y a-t-il des animaux dans toutes les régions du globe; nulle partie de la terre n'existe sans qu'on y trouve plusieurs espèces d'êtres organisés. Tels vivent dans les climats chauds du Midi, qui ne pourraient supporter les longs hivers du Nord. Tous les animaux d'une classe ont les mêmes instincts, les mêmes goûts, les mêmes besoins; aussi plusieurs espèces vivent-elles en sociétés assez bien organisées : les abeilles, les fourmis, les castors, etc. Les pays qui ont à peu près le même climat, qui fournissent les mêmes productions végétales, renferment les mêmes espèces d'animaux ; et comme chaque contrée à des productions diverses, il s'ensuit que le même lieu peut nourrir des espèces différentes.

54me DEVOIR.

Analyse.

L'oiseau timide et craintif. Une éternelle reconnaissance. Quatre chevaux rétifs. Ma quinzième année. Le second ouvrage. Ce garçon et cette fille propres et honnêtes. Ces enfants peureux. Son ignorance grossière. Nos fidèles amis. Chaque ville populeuse. Aucun élève étourdi. Quels beaux fruits. Cinq cents hommes malades.

L'....... *art. simple, élidé, masc. sing.*
oiseau ... *subst. com. masc. sing.*
timide ... *adj. qualif. masc. sing.*
(et) ....
craintif .. *adj.*
Ma...... *adj. déterm. possess. fém. sing.*
quinzième *adj. déterm. num. ord. fém. sing.*
année ... *subst.*

55me DEVOIR.

QUESTIONNAIRE. 1. Quelle différence existe-t-il entre l'adj. qualificatif et le déterminatif? 2. Qu'est-ce que les adj. possessifs ? 3. Quand employez-vous *ces* et *ses* ? 4. D'où vient le mot numéral ? 5. Où place-t-on l'adj. qualif. par rapport au subst. ? 6. Et le déterminatif ? 7. Dans quels cas emploie-t-on *mon*, *ton*, *son*? 8. Quels sont les adj. num. ordinaux qui viennent de un, sept, cinquante, cent, mille, deux mille, huit cent vingt ?

PRONOM.

56me DEVOIR.

L'élève distinguera les pronoms en mettant un p *sous chacun d'eux.*

Mon cher Félix, tu es de nouveau rentré dans ta pension. Tu regrettes peut-être bien un peu les jours de vacances que tu as passés avec nous ; c'est si agréable de se trouver au sein d'une famille qu'on aime, et de qui on est chéri si tendrement. Je t'assure que ton départ nous a causé du chagrin, surtout à ta mère, qui était si heureuse de t'avoir auprès d'elle; car tu sais l'affection qu'elle a pour toi ! tu ne saurais jamais lui témoigner trop de reconnaissance. Mais, c'est précisément parce que tes parents t'aiment beaucoup, qu'ils supporteront ton absence avec patience et résignation. Ils savent qu'une bonne éducation est le plus précieux héritage qu'un enfant puisse recevoir. Bientôt, je pense, ta raison sera assez développée pour comprendre que l'homme ignorant est un être déshérité, son cœur est fermé à une infinité de jouissances que procure l'instruction. Applique-toi donc sérieusement à tes études ; ne néglige jamais tes leçons ; fais toujours tes devoirs avec goût, tu avanceras rapidement dans la voie des progrès.

NOTA. *On pourra demander de vive voix, de quel substantif chaque pronom tient la place.*

—

57me DEVOIR.

Pronoms personnels.

L'élève mettra au-dessus de chacun d'eux, le numéro de la personne à laquelle il appartient.

Dieu nous a placés sur la terre, afin que chacun de nous remplît une mission. Nous ne devons pas être inutiles. Il veut que tu travailles comme je dois travailler moi-même. Tous les hommes ont des devoirs à remplir, ils ne doivent pas les négliger, leur bonheur temporel et spirituel en dépend. La vie vous paraîtra douce, si vous savez vous occuper à quelque chose d'utile ; l'ennui est fils de l'oisiveté. Si tu as bien travaillé dans la journée, le sommeil de la nuit viendra vite te délasser. Veux-tu bien tirer parti de ta journée, lève-toi matin. Les personnes qui ont cette habitude sont les plus sages, elles font beaucoup de travail, et leur tempérament n'en acquiert que plus de vigueur. Je connais un médecin qui m'a dit : vous avez une bonne santé, il faut la conserver; sans elle, il n'est point de bonheur sur la terre : les remèdes que je vous propose sont l'exercice et la tempérance; faites-en usage, vous aurez un trésor à l'abri des voleurs et de tous les revers.

NOTA. *L'élève mettra en colonne les pronoms contenus dans ce devoir, et dira pour quel mot chacun d'eux est employé ; de cette manière :*

Nous.... *pron. personn. est employé pour tous les hommes.*
Il......... *pron. personn. est employé pour Dieu.*

Tu.... *pron. personn. est employé pour désigner la personne à qui l'on s'adresse.*

Mettre au féminin : 1re pers. — Je, me, m', moi, moi-même, nous, nous-mêmes.
2me. — Tu, te, t', toi, toi-même vous, vous-mêmes.
3me — Il, ils, eux, le, lui, lui-même, eux-mêmes, les, leur, se, s', soi, en, y.

Mettre au pluriel : Je, me, moi.
Tu, te, toi.
Il, elle, le, la.

58e DEVOIR.

Se, s', soi, en, y.
Le, la, les. (Pronoms ou articles.)
Leur. (Pron. ou adj.)

En copiant ce devoir, l'élève se rendra bien compte de l'emploi des mots ci-dessus.

Ces hommes se parlent, ils s'observent attentivement. Connais-tu ces fruits ? Oui, j'en ai mangé. Cette route est trop mauvaise, ne vous y engagez pas, je l'ai parcourue plusieurs fois. Quand on connaît ses défauts, on doit s'en corriger ; il est très-dangereux de les entretenir. Les exercices gymnastiques contribuent au développement du corps des enfants; ils leur donnent des forces que la nature semblait leur refuser. Connaissez-vous les tragédies de Racine ? Oui, je les ai lues maintes fois, et j'en ai vu jouer plusieurs. Ces dames m'ont exposé leurs raisons, je m'y rends volontiers. Les gens qui maltraitent leurs animaux sans motifs, mériteraient qu'on leur défendît d'en avoir. Quand on manque de vêtements, on s'en procure avec de l'argent, mais la science ne s'acquiert que par l'étude. Mes enfants ont perdu leurs livres, je leur en achèterai d'autres. Tu m'as trompé, je m'y attendais, je n'en suis donc pas surpris. Il faut se défier de soi.

59e DEVOIR.

Pronoms possess. et pronoms démonstr.

L'élève mettra p. poss. *sous les 1ers et* p. d. *sous les autres.*

Nous apercevons facilement les défauts d'autrui ; mais nous ne voulons pas voir les nôtres. Celui qui néglige les devoirs de fils, négligera aussi ceux de père. Je suis mécontent de ton neveu et de ta nièce, celle-ci est paresseuse et celui-là est méchant, ce sont des enfants qui ne feront pas honneur à leurs parents ; les miens sont plus respectueux et plus studieux. Mon papa, si cela ne vous contrarie pas, je prendrai ceci pour m'amuser. Mon cher Louis, tes livres sont déchirés, ceux de ton cousin sont encore neuf... ; les tiens traînent partout, tandis que les siens sont toujours rangés. Ce que j'exige de vous, c'est une grande attention pour vos devoirs, surtout pour ceux qui sont difficiles. Si votre chambre ne vous convient pas, je vous cède celle-ci. Voici des roses qui sont encore frais... les nôtres sont déjà flétries.

NOTA. *L'élève mettra en colonne les pronoms de ce devoir, et dira pour quel mot chacun d'eux est employé.*

60e DEVOIR.

Cet — cette — ce — c'-ce (adj. dém. — pron. dém.)
Ses — ces (adj. poss. — adj. dém.)
Se-s' (pron. personn.)

L'élève remplacera le trait du devoir par celui qui conviendra des mots ci-dessus.

— jeunes enfants — égarèrent dans — forêt, ils rencontrèrent un vieux berger qui gardait — moutons. — fut — homme généreux qui les recueillit au moment où la nuit jetait — voiles sombres sur — lieux sauvages et inhabités. Il les conduisit dans sa cabane, leur fit manger quelques fruits et leur dit qu'ils n'avaient plus de danger à courir; ils — rassurèrent un peu et — endormirent profondément. Le lendemain de grand matin, le berger réveille — pauvres enfants, prend — armes et les reconduit sur la route qui mène à leur village. — sont eux qui ont raconté — aventure à leur mère, et — est les larmes aux yeux que celle-ci écoutait tous — détails et remerciait le ciel de lui avoir conservé — enfants. L'hypocrite cache — défauts pour ne montrer que — fausses qualités, mais — dehors trompeurs n'abusent que les sots. La jeunesse est si faible, qu'elle — laisse facilement aller à — mauvaises inclinations, — sont les mauvais exemples qui l'entraînent et la séduisent.

Mettre au féminin: Le mien, celui, le tien, celui-ci, le sien, celui-là, le nôtre, ceux, les nôtres, ceux-ci, le leur, les leurs.

Mettre au pluriel : Celui, le vôtre, celle, la leur, celui-ci, celle-ci.

61e DEVOIR.

Analyse.

L'élève n'analysera pas les mots en italique.

Nous *faisons* notre devoir. Je te *conseille de mieux travailler*. Ton cahier *est* taché, le mien *est plus* propre *que* celui *de* mon frère. *Connais*-tu les fables *d'*Esope ? J'en *sais* douze *par cœur*. Jacob *et* Esaü se réconcilièrent, ils *vécurent ensuite en* bonne intelligence.

Nous... *pron. personn. 1re personn. plur.*
Notre... *adj. déterm. poss. masc. sing.*
Je...... *pron. personn. 1re personn. sing.*

62e DEVOIR.

Pronoms relatifs et pronoms indéfinis.

L'élève mettra p. r. *sous les premiers, et* p. ind. *sous les autres.*

Le règne animal, qui comprend un nombre si prodigieux d'individus, a dû être divisé et subdivisé en un grand nombre de classes dont on n'a besoin d'étudier qu'un seul individu, parce que tous les êtres d'une classe se ressemblent. Cette grande loi souffre cependant quelques exceptions, car on voit des individus posséder quelques particularités que n'ont pas les autres sujets de la classe, mais ces phénomènes sont très-rares. Outre les divisions que nous avons déjà établies relativement aux lieux qu'ils habitent, ou d'après le genre de leur nourriture, chacun sait que les animaux, par rapport à la forme, à l'organisation de leur corps, se partagent en quatre embranchements bien distincts les uns des autres. 1° Les animaux *vertébrés*, qui ont un squelette intérieur, lequel sert à soutenir toutes les parties du corps de l'animal ; tels sont : l'homme, le lion, le rat, les oiseaux, les reptiles et les poissons. 2° Les animaux *mollusques*, qui n'ont point de squelette, mais dont le corps est presque toujours protégé par une écaille ou coquille: telles sont les huîtres, les limaces, etc. 3° Les animaux *articulés*, dont la peau, composée d'anneaux, se durcit beaucoup : les insectes, les vers, etc., appartiennent à cet embranchement. 4° Enfin, les animaux *rayonnés* ou *zoophytes*, qui sont les moins parfaits ; on en trouve des monceaux au fond des mers.

NOTA. — *L'élève écrira en colonne tous les pron. relatifs de ce devoir, et dira l'antécédent de chacun d'eux.*

Qui.... *pron. relatif, a pour antécédent règne.*

—

63e DEVOIR.

L'élève mettra p. r. *sous chaque pron. relatif, et* p. ind. *sous chaque pron. indéfini.*

Quiconque a observé le règne animal, a dû remarquer combien le genre d'existence de chaque espèce est uniforme et invariable ; les habitudes, les mœurs des animaux, ne varient jamais. Chacun sait que les oiseaux qui existaient dès le commencement du monde, construisaient leurs nids comme ceux d'aujourd'hui ; les animaux herbivores ne se sont jamais nourris de chair ; les abeilles de deux pays éloignés, distillent leur miel de la même manière ; aucune taupe n'a jamais essayé d'établir sa demeure à la surface de la terre ; personne ne pourrait dire avoir vu les loups, les tigres, doux et familiers, nul ne le croirait ; chaque espèce suit invariablement ses instincts naturels, aucune ne s'en écarte. Cependant l'homme est parvenu quelquefois à changer l'état naturel des animaux qu'il retient captifs, mais plusieurs ne peuvent ainsi oublier leurs instincts naturels, ils périssent ; ceux qui survivent s'abâtardissent : tel paraît pesant et lourd dans une cage, qui serait vif et beau dans une forêt. Ce n'est pas vainement qu'on force la nature. Nul animal ne préfère sa cage dorée à la campagne ; aucun ne changerait sa nourriture grossière contre les aliments de l'homme.

64e DEVOIR.

Récapitulation des pronoms.

L'élève mettra au-dessous de chacun d'eux, la lettre initiale du nom de son espèce.

L'homme seul a la faculté de changer ses goûts, ses habitudes, ses mœurs, sans que son organisation en souffre beaucoup. L'instinct, chez lui, est moins fort que chez les animaux, il est assujetti à la raison. C'est cette dernière qui est le mobile de ses actions; c'est elle qui le rend si fort et si puissant. L'homme est infiniment plus faible que beaucoup d'animaux, néanmoins il les dompte tous, aucun ne lui commande. A l'aide de son intelligence, il lève presque tous les obstacles qui s'opposent à ses desseins. Si une montagne le gêne dans ses projets, il la perce; il est parvenu à diminuer, pour ainsi dire, les distances, en créant les chemins de fer; quelques-uns lisent dans le ciel, mesurent l'étendue et le mouvement des astres; d'autres traversent des mers lointaines et résistent à la tempête. Rien de ce qui est possible, ne l'arrête. La raison, qui nous rend si supérieurs aux animaux, est un don bien précieux ; mais, pour produire tous les effets que nous pouvons en attendre, elle a besoin d'être cultivée ; à côté de la saine et droite raison qui mène à la vérité, il y en a une fausse qui nous jette dans mille erreurs. C'est par l'expérience, l'observation attentive, qu'on acquiert un jugement droit.

—

65e DEVOIR.

Analyse.

L'élève n'analysera pas les mots en italique.

Tu *marches* au combat. Ces petits garçons *sont* sages *et* modestes ; ils *font* le bonheur *de* leurs parents qui les *chérissent* ; nous *désirerions* que chaque enfant leur *ressemblât.* J'*ai pris* des poissons, je t'en *apporte, reçois*-les. On *imite toujours* les autres. Quiconque *veut exceller dans* un art, *doit* s'y *appliquer sérieusement.* Ce que j'*exige de* vous, c'*est* l'obéissance. Nul *n'est* parfait.

66e DEVOIR.

Questionnaire. — 1. Qu'est-ce que le pronom ? 2. Quand est-ce qu'un pronom est de la 2me personne ? 3. Qu'est-ce que les pronoms possessifs ? démonstratifs ? 4. Qu'est-ce que la 3me personne ? 5. D'où le pronom tire-t-il son genre et son nombre ? 6. A quelle partie du discours appartiennent les mots *nul, aucun, plusieurs ?*

VERBE.

67me DEVOIR.

En copiant ce devoir, l'élève distinguera les mots qui sont verbes, en mettant un v *au-dessous de chacun d'eux.*

Les animaux sont peu industrieux ; il en est qui ne font que manger, marcher et dormir partout où ils se trouvent. D'autres se construisent des retraites plus ou moins commodes. Les insectes se cachent dans la terre, sous les pierres ou derrière l'écorce des arbres. Les oiseaux placent leurs nids sur les branches des arbres ; c'est la nature qui a donné à ces faibles êtres, l'instinct de se mettre ainsi à l'abri des animaux terrestres. Beaucoup de quadrupèdes, tels que le lapin, le renard, le blaireau, etc., se creusent leurs demeures dans la terre ; ceux qui sont plus gros, comme l'ours, le lion, se logent dans des souterrains naturel... On dit que les castors se bâtissent des demeures remarquables au point de vue de l'art et de la solidité; comme ces animal... se nourrissent de poissons, ils habitent toujours le bord des eau... Quelques espèces qui manquent de force ou d'agilité, emploient des moyens ingénieux pour se procurer leur subsistance: l'araignée tisse une toile fine qui retient les mouches et d'autres petits insectes qu'elle ne pourrait prendre à la course.

Je lis. Vous écrivez une lettre. Nous écoutons. Ces hommes parlent. Elles travaillent. Tu es fatigué.

SUJET DU VERBE.

68me DEVOIR.

L'élève mettra le même numéro sur le verbe et son sujet : le 1er verbe et son sujet auront le chiffre 1; le 2e verbe et son sujet, 2 ; ainsi de suite.

1 1 2 2

Cet homme parle. Cette femme parle. Ces hommes parlent. Ces femmes parlent. Cet homme et cette femme parlent. Ces hommes et ces femmes parlent. Je parle. Tu parles. Il parle. Nous parlons. Vous parlez. Ils parlent. Ton frère et ta sœur chantaient, ils paraissaient émus. Je vous apporte les devoirs que fait votre enfant. Ces sauvages ne connaissaient pas la culture du blé ; ils se nourrissaient de fruits et d'oiseaux qu'ils tuaient à la chasse. Joseph, Louis et Ernestine écrivaient et lisaient pendant que Pauline récitait. Vous ignorez ce que j'ai fait. Je vous parlerai demain. A cette époque, vivaient à Paris un jeune ouvrier et sa mère. On doit respecter l'infortune et la vieillesse. Venez-vous avec nous ? Aiment-ils l'étude ? Aime-t-il le travail ? Que veut ce vieillard ? Vous aurez fini bien tard, si vous n'allez pas plus vite. Nous avons marché toute la nuit. Etudiez (a pour sujet vous sous-entendu) attentivement les matières qu'on vous donne à apprendre (n'a pas de sujet).

69e DEVOIR.

L'élève distinguera encore les verbes, comme au 67e devoir.

Si les animaux ont peu d'industrie, leurs besoins ne sont pas très-nombreux ; en naissant, ils apportent leurs vêtements et n'en changent jamais. Ils n'ont donc que le soin de leur nourriture ; ils la trouvent ordinairement à côté d'eux. L'homme, au contraire, naît déjà avec un grand nombre de besoins, ensuite la civilisation lui en a créé une infinité d'autres presque aussi impérieux que ceux de la nature. Nous sommes obligés, pour garantir notre corps, de nous faire des vêtements que le caprice, la mode, les saisons et d'autres circonstances modifient à l'infini. L'homme ne se contente pas, pour sa nourriture, des fruits de la terre et de la chair des animaux, tels que la nature les lui donne, il les compose entre eux et les modifie de manière à se faire des aliments qui flattent son goût, mais nuisent souvent à sa santé. Il a besoin d'un abri pour se soustraire aux intempéries de l'air et des saisons; nos pères se construisaient des cabanes qui remplissaient le but; aujourd'hui, il nous faut des palais pour demeures ; à côté de l'utilité, nous voulons trouver l'agrément. Nos passions sont encore des tyrans insatiables qu'il faut satisfaire à tout prix.

NOTA. — *L'élève mettra en colonne tous les verbes de ce devoir, et les fera précéder de leurs sujets ; de cette manière :*

Les animaux ont.
Leurs besoins sont.
Ils apportent.
Ils (sous-entendu.) changent.
etc.

COMPLÉMENTS.

70e DEVOIR.

L'élève mettra compl. *sous les mots qui sont compléments.*

COMPLÉMENTS DES VERBES. — Eugénie étudie. Eugénie étudie la grammaire. Eugénie étudie ses leçons dans sa chambre, ensuite elle les récite à la pension. Ces enfants étudient avec beaucoup de goût, depuis un mois, la géographie, l'histoire et la mythologie. Je plante cet arbre dans mon jardin ; il donnera des fruits et de l'ombre à mes enfants et à mes petits-enfants. Dans la journée, tu conduiras tes amis à la promenade ; tu leur feras remarquer les beaux sites qui nous entourent. J'irai chez vous de grand matin, j'y resterai pendant une heure. L'homme que vous avez rencontré va en Amérique.

Compléments des subst. — Un livre. Le livre de Paul est neuf. Il vend des instruments de musique. On ferme la porte du salon. Le colonel du régiment. Je me plaindrai aux parents de cet enfant.

Compléments des adj. qualif. — Ce livre est utile. Ces livres sont utiles à la jeunesse. Votre père est mécontent de vous. Le médecin est nécessaire aux malades. L'égoïste n'est pas le consolateur des affligés. Tu as été témoin de cet événement. On doit toujours être poli envers ses supérieurs. Il est jaloux de son frère.

Compléments des pronoms. — Les soins de la vie présente ne doivent pas nous faire oublier ceux de la vie éternelle. Cette maison est semblable à celle de mon oncle.

71e DEVOIR.

Reconnaître les compléments directs et indirects ; l'élève mettra compl. dir. *sous les premiers et* compl. ind. *sous les autres.*

Je donne un raisin à cet enfant, il le refuse et me remercie. Je me contente d'un petit bénéfice. Nous choisirons les fruits qui nous conviennent. Ton frère se comporte mal, il veut m'entraîner avec lui. Ce prisonnier se donna la mort. Ton père t'ordonne de te lever, obéis-lui ! Parlez-moi des malheurs que vous avez endurés. Je voudrais ce livre; prends celui-ci, et donne-moi le tien. Tu t'ennuies avec moi. Nous nous plaisons dans la maison que nous avons achetée, nous y demeurerons longtemps. Les bonnes qualités que je vous connaissais se sont changées en défauts. Il faut se laver chaque matin. Ces marchands se nuisirent. Ces élèves sont négligent.., je ne leur donnerai aucune récompense.

72e DEVOIR.

Analyse.

On donnera quelques phrases du devoir précédent.

Je donne un raisin à cet enfant, il le refuse, etc.

Je...... *pronom personn. de la 1re pers. sing., sujet de* donne.

donne... *verbe.*

un...... *adj. déterm. num. card. masc. sing., détermine* raisin.

raisin... *subst. comm. masc. sing., compl. direct de* donne.

cet...... *adj. déterm. démonst. masc. sing., détermine* enfant.

enfant... *subst. comm. masc. sing., compl. ind. de* donne.

il....... *pron. personn. de la 3e pers. sing., suj. de* refuse.

le....... *pron. personn. de la 3e pers. sing., compl. dir. de* refuse.

refuse... *verbe.*

Questionnre. — 1. Qu'est-ce que le verbe? 2. Comment reconnaît-on qu'un mot est verbe ? 3. Comment appelle-t-on le mot qui fait l'action exprimée par le verbe ? 4. Comment reconnaît-on le sujet d'un verbe ? 5. Où se place-t-il par rapport au verbe ? 6. Par quelles espèces de mots est-il exprimé ? 7. Quand est-ce qu'un mot est complément ? 8. Comment reconnaît-on les compléments d'un mot ? 9. Où se placent les compléments?

73e DEVOIR.

L'élève distinguera les différentes espèces de verbes ; il mettra au-dessous de chacun d'eux, les lettres initiales du nom de l'espèce à laquelle il appartient.

L'homme a une infinité de besoins réels ou factices qui lui imposent des obligations impérieuses ; il a dû, par conséquent, rechercher les moyens de les satisfaire. Plus il en a, plus sa tâche est rude ; aussi son passage sur la terre est-il une succession de travaux et de soins de toute espèce ; heureusement que son intelligence lui offre des ressources au moyen desquelles il arrive plus promptement et plus sûrement à son but. Mais tous les hommes n'ont pas le même degré d'instruction. Dieu a placé en nous les facultés intellectuel..., mais il nous a laissé le soin de les cultiver. L'instruction ne s'achète pas, elle s'acquiert par le travail. Les premiers hommes étaient beaucoup moins avancés que nous dans les sciences et dans les arts, parce qu'ils n'ont pas pu profiter de l'expérience de leurs ancêtres. Nous, au contraire, nous pouvons profiter des observations et des découvertes d'une infinité d'hommes savants qui nous ont précédés. La vie de l'homme est trop courte pour que, sans le secours d'autrui, il puisse arriver au sommet de la science, et même, en suivant les routes déjà tracées, il a encore besoin d'un travail opiniâtre : voilà ce qui explique pourquoi il y a peu de savants.

Nous achetons un livre. Tu partiras après avoir dormi une heure. Cette fable a été récitée par ton jeune frère. Il est nécessaire que nous nous reposions. S'il pleut, je ne sors pas ; je me coucherai de bonne heure.

MODIFICATIONS DU VERBE.

74e DEVOIR.

Nombre et personne.

L'élève mettra au-dessous de chaque verbe, le numéro de la personne, suivi de la lettre s. *ou* p., *selon qu'il est au sing. ou au plur.*

Tu réciteras ta leçon pendant que nous écrirons. Paul chantait et ses amis l'écoutaient. Je vous envoie le livre que vous m'avez demandé. N'imite pas ceux qui font le mal, suis mes conseils. Rose et Amélie dessinent déjà bien ; elles annonçent les meilleur... dispositions. Nous allâmes sur la montagne où mourut ce berger ; nous vîmes encore la cabane qu'il avait habitée. Étudions, et nous deviendrons savants. J'exige que mes enfants soient honnêtes et polis. Vous finirez demain le travail qu'avaient commencé ces malheureux ouvriers. Je donnai une aumône à ce mendiant, qui me remercia beaucoup. Il faut que tu conformes ta conduite aux principes religieux et moral... que tu as reçus.

NOTA. — *L'élève écrira en colonne tous les verbes contenus dans ce devoir, et mettra à côté l'espèce et le sujet de chacun :*

réciteras... *verbe actif* (ou transitif), *a pour sujet* tu.
écrirons... *verbe....*, *a pour sujet* nous.
etc.

75e DEVOIR.

Du temps.

3 parties : présent, passé, futur.

L'élève mettra au-dessous de chaque verbe, prés. pass. fut., *selon qu'il exprimera un présent, un passé ou un futur.*

Nous sommes malades. Tu as froid. Nous chantions. Ils partiront demain. La vertu vaut mieux que le savoir. Quand je serai grand, je voyagerai. Nous revînmes sur nos pas. Habille-toi, nous partons. Après avoir visité l'Italie, je revins en France, où je trouvai des amis qui m'attendaient avec impatience. Il faut que je lui écrive à l'instant. Tu serais aimé de tes camarades, si tu te conduisais mieux. Tu serais récompensé à la fin de l'année, si tu travaillais davantage. Ces messieurs voulaient que j'abandonnasse la carrière militaire ; j'ai refusé et je refuserai toutes les fois qu'on me fera la même proposition. Irai-je chez vous? Où sont-ils vos enfants ? As-tu lu cet ouvrage ? Oui, il m'a beaucoup intéressé ; je vous le prêterai. Quand j'eus fini, je sortis et je ne rentrai que le soir. Ont-ils été contents de mes devoirs ? J'aurai fini quand vous viendrez. Reçois mes félicitations sur les succès que tu as obtenus.

76e DEVOIR.

Temps simples et temps composés.

L'élève mettra t. s. *sous les 1ers et* t. c. *sous les autres.*

BONHEUR.

Le bonheur attaché à l'existence humaine est subordonné à trois conditions qui se trouvent rarement ensemble : 1° une bonne santé ; 2° une position qui puisse fournir aux besoins de la vie ; 3° et surtout une conscience tranquille. Si tous les hommes avaient les mêmes désirs, les mêmes besoins, il faudrait à tous la même mesure de bonheur pour être heureux. Mais nous avons vu que la civilisation, la fortune, l'éducation et mille autres circonstances ont modifié l'état naturel de l'homme et lui ont créé de nombreux besoins ; aussi le bonheur sur la terre est-il relatif à la position sociale et à l'éducation. On conçoit qu'un simple artisan puisse être plus heureux qu'un roi. N'a-t-on pas vu dans la mythologie, les dieux devenir jaloux de la félicité des bergers? Le cœur humain est un océan de désirs ; malheur à celui qui ne sait pas les modérer ; il se trouvera souvent dans l'impuissance de les contenter. Celui qui s'habitue de bonne heure à satisfaire tous ses désirs, se prépare un avenir de déceptions et d'ennuis. On a vu des hommes, très-riches d'ailleurs, se lasser de la vie et se donner la mort après avoir cherché vainement à satisfaire leurs passions. Veux-tu jouir de la plus grande somme de bien-être qu'il soit donné à l'homme de goûter sur la terre ? Habitue-toi dès ta jeunesse à te contenter de peu ; modère tes désirs, règle-les sur tes moyens, résiste courageusement à tes passions et aux mauvaises influences du monde. Néanmoins ne te flatte pas de trouver le parfait bonheur, car il ne s'acclimate pas dans ce monde.

NOTA. — *L'élève écrira en colonne tous les verbes et mettra à côté de chacun* temps simple *ou* temps composé, *puis le sujet.*

77e DEVOIR.

Modes.

L'élève s'efforcera à bien comprendre la différence qu'il y a entre les modes.

Dans toutes ces phrases, le verbe exprime l'action d'une manière absolue, positive.

Tu respectes tes parents. Je cultivais les sciences dans ma jeunesse. Ils donnèrent des soins aux malheureux que nous trouvâmes sur la route. Il avait fini quand nous entrâmes. Nous apprendrons l'histoire ancien. . . et l'histoire naturel. . . Vous partirez quand vous aurez récité vos leçons.

L'action exprimée par les 1ers verbes de ces phrases, dépend d'une condition.

Tu respecterais tes parents, si tu étais un bon fils. J'aurais cultivé les sciences, si j'avais eu des maîtres. Je serais parti, s'il avait fait beau temps. Nous aurions dîné avec vous sans cette circonstance.

Ces verbes expriment l'action sous l'idée de la volonté, du désir, du commandement de la personne qui parle.

Respecte toujours tes parents. Cultivons les sciences, nous deviendrons savants. Marchez plus vite. Contentez-vous de peu. N'imitez pas les paresseux. Crains Dieu. Obéis à tes parents.

L'action exprimée par les seconds verbes, est subordonnée, dépendante.

Dieu veut que nous respections nos parents ; il exige aussi que nous les aimions. Tes parents veulent que tu cultives les sciences. Il faut que nous étudiions l'histoire naturelle. Il était faux que nous fussions sortis sans permission.

La plupart de ces verbes expriment l'action vaguement, sans circonstance de temps ni de personne, etc.

Respecter ses parents, c'est obéir à Dieu. Tu dois cultiver les sciences. Lire sans réfléchir, n'est pas étudier. On doit suivre les conseils des honnêtes gens, et mépriser les discours des méchants.

78e DEVOIR.

Distinguer à quel mode se trouvent tous les verbes ; l'élève mettra au-dessous de chacun d'eux, soit Ind., Cond., Imp., Subj. *ou* Inf.

L'homme a reçu en partage des priviléges sur les animal..., ces priviléges lui imposent des obligations, des devoirs. Nous n'avons pas été faits seulement pour la terre; il faut donc que nous reportions nos pensées plus haut, et que nous remplissions le but pour lequel nous avons été créés. L'homme appartient à la grande société humaine qui le protége; il a une famille qui l'aime et une patrie qui a servi de berceau et de tombeau à ses pères; il doit protéger la société, aimer sa famille, et faire respecter sa patrie. Pour nous montrer que nous devons avoir les mêmes sentiments, la nature nous a faits semblables. Ce sont les passions qui font violer à l'homme ce beau précepte qui est dans le cœur de tous : Ne fais pas à autrui ce que tu ne voudrais pas qu'on te fît à toi-même.

NOTA. — *On pourra ensuite écrire tous les verbes en colonne, et à droite mettre leurs compléments.*

a reçu............ en partage, *compl. ind.* — des priviléges, *compl. dir.*

imposent......... des obligations, des devoirs, *compl. dir.* — lui, *compl. ind.*

avons été faits... pour la terre, *compl. ind.*, etc.

Analyse.

Nous chanterons un cantique nouveau. Tu as négligé ta leçon; étudie-la. Je vous ferais l'aumône si j'avais de l'argent. Respecte tes parents. Je veux que tu apprennes la musique. Tu dois obéir à ton père. Je me promène.

Nous........ *pron. person., 1re personne plur., sujet de* chanterons.

chanterons... *verbe... 1re personne du plur. au futur de l'indicatif.*

....

....

as négligé.... *verbe... 2e personne sing. au passé de l'indicatif.*

79e DEVOIR.

Auxiliaire *avoir* et auxiliaire *être*.

L'élève, qui doit bien avoir étudié ces verbes dans sa grammaire, achèvera les mots commencés.

Nous avon... soin des enfants qui nous son... confiés. Tu a... compassion des malheureux ; tu es... très-sensible. Quand j'étai... riche, j'avai... des amis ; maintenant que je sui... pauvre, tout le monde m'abandonne. Ces domestiques avai... raison, ils étai... dans leurs droits ; mais leur maître avai... tort. Je fu... malade l'année dernière ; les médecins eu... beaucoup de peine à me guérir. Tu a... été sage aujourd'hui, aussi tu a... eu une longue récréation ; si tu travailles bien demain, tu sera... encore mieux récompensé, tu aura... une promenade, et ton frère qui es... paresseux sera privé de sa récréation, il n'aura... même point de dessert à son dîner. Ces enfants aurai... eu un plus beau prix, s'ils avai... mieux travaillé. Tu es... dans une position difficile, ai... bon courage, soi... ferme, tu en sortiras bientôt, tes amis seron... tes protecteurs. Mon enfant, il faut que tu n'ai... point de cœur pour avoir commis une bassesse semblable ; et il faut que tes camarades soi... des lâches pour avoir été tes complices. Je doute que ces élèves ai... le goût de l'étude. Je ne crois pas que vous ai... raison.

Mettre au pluriel les expressions suivantes: — Tu as. Il a eu. Il aura. Aie. Tu eus. Qu'il ait. J'aurais eu. J'eus.

Il aura. Il eut eu. Que j'eusse. Que tu eusses eu. Tu es. Que tu sois. Je serai. Sois. Avoir. Être.

NOTA. — *Après la correction de ce devoir, on pourra faire écrire, ou demander le* sujet, *la* personne, *le* nombre, *le* temps *et le* mode *de chaque verbe.*

80e DEVOIR.

Conjugaisons.

L'élève mettra sur chaque verbe le numéro de la conjugaison à laquelle il appartient.

C'est le besoin qui a créé les sciences; par conséquent, plus un peuple a de besoins, plus il doit avoir de connaissances. Les premiers navigateurs, craignant de s'égarer sur les mers, cherchèrent dans le ciel des étoiles qui pussent les guider ; de là, la naissance de l'astronomie. De bonne heure on sentit la nécessité de l'écriture. Le commerce donna naissance au calcul. Les Egyptiens, ne reconnaissant plus les limites de leurs champs, après les inondations du Nil, furent obligés d'apprendre l'arpentage. C'est l'augmentation de la population qui a imprimé un si grand mouvement à l'industrie, et qui a fait inventer les mécaniques. L'agriculture, ou l'art de cultiver la terre, a fait d'immenses progrès ; elle en fera probablement encore à mesure que nos besoins augmenteront. La conservation de notre santé et de notre vie, a donné naissance à la médecine. Le luxe a créé les beaux-arts.

Nous partîmes. Il pleuvra. Vous boirez. Ils diront. Tu

balaieras. Ces chiens aboyaient. Ils plaignent. Je consens. Vous croyez. Mes amis pleurent. Cet arbre croît vite.

1re CONJUGAISON. — *ER.*

L'élève doit bien savoir distinguer, dans un verbe, le radical de la terminaison.

Verbes à conjuguer.

Aider. Porter. Tailler. Conjuguer. Compter. Marcher. Gagner. Manœuvrer. Nouer. Tuer. Frapper. Prêter. Hériter. Bouger. Echanger. Engager. Tracer. Influencer. Mener. Lever. Régler. Répéter. Prier. Crier. Scier. Broyer. Nettoyer. Payer. Etayer. Appeler. Renouveler. Révéler. Projeter. Cacheter. Agréer. Suppléer.

81e DEVOIR.

Le verbe s'accorde avec son sujet, en nombre et en personne.

Les habitants de ces pays son... sains et robustes ; ils aime... le travail, et observe... la tempérance ; chacun mène... une conduite régulière. Si tu passe... jamais dans cette contrée, entre... dans les maisons, tu verra... comme l'ordre et la propreté y règne... Toutes les familles jouissent d'une certaine aisance qu'envierai... beaucoup de nos compatriotes. Les hommes cultive... la terre et font les gros travail... ; les femmes s'occupe... des soins du ménage et soigne... les enfants qu'elles habitu... de bonne heure au travail, à l'ordre et à la propreté. La première fois que je visita... ce pays, je fu... surpris du bon accueil que j'y reçus des habitants ; tous me saluai... affectueusement ; quelques-uns me priai... d'entrer chez eux, m'offrai... des rafraîchissements que j'acceptai... de grand cœur ; car je savais que ces bonnes gens prenne... pour un affront, le refus des secours qu'ils offre... Je n'oublierai... jamais toutes les attentions dont j'ai été l'objet. Les enfants cherchai... à me plaire ; les uns me demandai... à quoi s'occupai... la jeunesse de mon pays ; un autre me montrai... divers objets qu'il avai... habilement travaillés. En les quittant, je leur répétai que je n'oublierai... jamais les bons traitements que j'avai... reçus dans leur pays, et je leur promis de les revoir à une autre époque.

82e DEVOIR.

Comme au devoir précédent, l'élève complétera les mots inachevés, en tenant compte de certaines remarques sur le verbe, qu'il a dû apprendre ; au-dessous de chaque verbe, il mettra en abrégé le temps et le mode.

Dieu nous placa... sur la terre pour nous faire accomplir une tâche qu'il a imposée à tout le monde ; il exige que nous travaill... et que nous employ... notre temps à des choses utiles. Il a voulu que chacun de nous exerca... une profession, un métier qui fu... en rapport avec ses facultés. Pourquoi nous aurai...il donné des bras et une intelligence, si nous ne devions pas les utiliser ? Gagne... ton pain si tu veux manger. Le travail manuel... désennuy... et repose... l'esprit; il fortifi... le corps et l'endurci... Le travail intellectuel renouvel... les forces du corps et vivifi... les facultés de l'intelligence qui exige... que nous les exerc... si nous voulons en tirer le meilleur parti possible. La paresse et le désœuvrement tu... l'intelligence, énerve... les forces corporel... et nous jette... dans une apathie qui nous rapproche de la brute. La paresse est la porte par laquelle passe... les vices qui nous harcel... et qui use... plus notre corps que les travaux les plus pénibles. Le travail égai... et fait trouver le temps court. L'amour du travail et l'économie mène... plus sûrement à la fortune que les routes périlleux... qui conduise... aux mines d'or du nouveau monde. La paresse et la dissipation sont deux gouffres qui engloutir... (pr. cond.) toutes les fortunes.

Nota. — *L'élève conjuguera le verbe* acheter, *en le faisant suivre du complément* chapeau, *précédé d'un adj. poss. en rapport avec le sujet :* j'achète mon chapeau, tu achètes ton chapeau..., ils achètent leurs chapeaux.

83e DEVOIR.

Comme au devoir précédent.

La reconnaissance rével... un bon cœur. Les enfants qui tutoi... tout le monde se montre... impertinents. L'année passée, je vous tutoi... à présent je ne vous tutoi... pas, et je ne vous tutoi... (futur) jamais plus. Reconnaissez-vous la vérité du fait que j'avanca... hier et que vous ni... si fortement? Je te répète... que si tu étudi... tu sera... un jour savant... Quand on est jeune, on ne se défi... de personne. La promenade récré... l'esprit, et renouvel... les forces corporel... Il faut que nous essay... de transporter ce fardeau, aide... nous, je te pri... Mon père ne veut pas que nous li... connaissance avec nos voisins. Vous jou... quand vous aurez récité vos leçons. Vous nous menaca... hier de la prison si nous ne vous pay... pas bientôt; vous ne nous menac... plus, nous vous pay... demain. Offre... ton cadeau à tes parents, ils l'agré... (futur). Vous dessine... bien aujourd'hui ; lorsque je vous vis la dernière fois, vous ne mani... déjà pas mal le crayon. Les hommes intelligents se cré... des ressources quand ils en manque..., mais l'ignorant ne se cré... (futur) jamais rien.

Nota. — *L'élève conjuguera négativement le verbe* renier *en le faisant suivre du compl. dir.* parents *précédé d'un adj. poss. en rapport avec le sujet :* je ne renie pas mes parents, *etc.*

Analyse.

La reconnaissance révèle un bon cœur. Offre ton cadeau à tes parents, ils l'agréeront et te remercieront.

2e Conjugaison. — *IR.*

Verbes à conjuguer.

Punir. Ravir. Garnir. Fléchir. Unir. Guérir. Nourrir. Adoucir. Embellir. Applaudir. Trahir.

84e DEVOIR.

L'élève mettra encore au-dessous de chaque verbe son temps et son mode.

Tous les animaux fléchi... sous la main qui les châti... Adouci... les derniers jours de ta mère, ma chère Amélie, ne la contrari... pas, tu seras béni... de Dieu. Cet enfant agi... fort mal, il n'obéi... pas à ses parents qui le chéri... Les croix... que tu vois dans ces champs de blé, ont été béni... dimanche dernier. Mange... ce morceau de pain béni... Ne jou... pas avec les choses béni... on te punir... (cond.) Le bonheur souri... à votre oncle, son commerce fl... (fleurir), ses affaires prospère...; c'est une maison béni... du ciel. Je hais les hypocrites. Je te hai... autrefois, mais aujourd'hui je ne te hai... plus. Les sciences et les arts fl... (passé défini) sous Louis XIV. J'uni... (futur) mes efforts aux vôtres et nous réussir... Judas trahi... J.-C. par un baiser. Cette bonne mère béni... sa fille, et mourut un instant après. Sem et Japhet furent béni... par Noé, qui maudi... Cham. Le chagrin vieilli... plus vite que le temps. Évite... et fui... les mauvaises compagnies. Tu ne menti... (futur) pas devant le juge et l'on atténu... (futur) tes torts.

Nota. — *Écrire les verbes en colonne, et, à côté, mettre tous leurs compléments en les séparant par des tirets.*

Fléchissent... sous la main...

Châtie....... les...

3e Conjugaison. — *OIR.*

Verbes à conjuguer.

Concevoir. Percevoir. Apercevoir. Devoir, etc.

—

85e DEVOIR.

Les enfants ne doiv... jamais médire de leurs parents ni de leurs supérieurs. Hier, nous rec... la visite de mon oncle, nous la rece... encore demain. J'aperc... un homme que tu doi... voir aussi. On conc... que les enfants doivent de la reconnaissance à leurs bienfaiteurs. Nous ne prévoy... pas hier qu'il du... faire un temps si beau aujourd'hui, aussi j'ai dû... prendre mon manteau. Celui qui doi... ne possède pas tout ce qu'il rec... (passé défini) de ses parents. Des fonctionnaires appelés percepteurs perc... les impôt... et les envoy... aux receveurs général... Christophe Colomb conc... son projet longtemps avant de pouvoir le mettre à exécution; il ne se décourag... pas devant des obstacles qui semblai... insurmontables : ainsi les grandes âmes veulent toujours ce qu'elles ont une fois conc... Avant d'avoir fait nos études, nous voy... les choses autrement que nous ne les voy... aujourd'hui. Recoi... le présent que je t'envoi... Nos compagnons ne conce... (imp. ind.) pas comment nous avions pu échapper aux dangers qui nous menac... Je ne pensais pas que vous rec... (imp. subj.) ma lettre aujourd'hui.

Nota. — *Après avoir placé en colonne tous les verbes de ce devoir, l'élève mettra à côté l'infinitif, ensuite la même personne du modèle.*

Doivent... devoir...... reçoivent.
Reçûmes.. recevoir... reçûmes.

4e Conjugaison. — *RE.*

Verbes à conjuguer.

Fendre. Descendre. Répandre. Étendre. Fondre. Prendre. Tordre. Plaindre. Éteindre. Coudre. Battre. Lire. Croire.

86e DEVOIR.

L'élève mettra encore au-dessous de chaque verbe, son temps et son mode.

Si tu jou... tu per... ton temps et ton argent. Les animaux compren... la voix de leur maître; si on les appel... ils répond... par des gestes ou des mouvements qui signifi... qu'ils ont entend... Pren... cette bougie, et étein... là, je crain... qu'on ne voi... ce que nous faisons. Ce fut avec beaucoup de peine que nous attein... le sommet de cette montagne escarpée; nous redescend... ensuite plus facilement. Mes chers élèves, je vous adresse... des compliments sur le travail que vous avez fait, je ne m'attend... (imparfait) pas à ce que vous peigni... déjà aussi bien : vos tableaux sont charmants. Le sage veut que nous craign... Dieu et que nous l'aim.... Le tailleur cou... les habits ; le meunier mou... les grains ; le peintre dissou... les couleurs et pein... des tableaux. Vous vous plaign... quand vous étiez au collége, aujourd'hui, vous en êtes sortis et vous vous plaign... encore. Écoute..., enten... le vent qui contrain... les arbres à ployer sous ses coups. L'enfant qui enfrein... les ordres de ses parents, enfrein... (futur) bientôt ceux de Dieu.

Analyse.

Celle de la dernière phrase du devoir.

87e DEVOIR.

Récapitulation sur les 4 conjugaisons.

L'élève mettra au-dessous de chaque verbe le numéro de sa conjugaison.

La civilisation qui ennobli... l'existence de l'homme, n'est pas également répandue sur la surface du globe. Depuis le savant Européen jusqu'au malheureux nègre de l'Afrique, vous rencontr... des peuples qui apparTien... à tous les degrés intermédiaires. Il faut beaucoup de temps aux nations barbares qui occup... les derniers degrés de la civilisation, pour arriver au progrès. Leurs superstitions, leurs préjugés grossiers, les retien... dans l'ignorance, et empêch... le développement des facultés intellectuel... qu'ils reçu... du créateur. Cependant quelques-unes de ces dernières ont franchi... rapidement les degrés inférieurs, et aujourd'hui elles occup... une place distinguée dans l'échelle de la civilisation: tel... sont quelques peuplades de l'Amérique Septentrional...; d'autres sembl... rester stationnaires, tel... que la plupart des peuples de l'Afrique, quelques-uns de l'Asie et de l'Amérique. Si le ciel n'envoi... pas à de telles nations un grand homme, pour les tirer de cette basse condition, elles sont condamnées à vivre encore longtemps dans cet état. C'est par le commerce avec les étrangers qu'un peuple s'instrui...

88e DEVOIR.

Terminaison des temps simples.

L'élève achèvera les mots commencés et complétera les temps interrompus.

NOTA. — *Remarquez que plusieurs temps simples ont la même terminaison pour les quatre conjugaisons. Ainsi, l'imparfait de l'indicatif, pour tous les verbes, est terminé par* ais, ais, ait, ions, iez, aient.

IMPARFAIT.

ais - ais - ait - ions - iez - aient.

1re conj. Je cri-*ais*, tu cri-*ais*, il cri-*ait*, nous cri-*ions*, etc.
2e — Je fuy-*ais*, tu fuy-..., il fuy-..., nous fuy-...etc.
3e — Je percev-*ais*, tu percev-..., etc.
4e — Je fend-*ais*, tu...

FUTUR.

rai - ras - ra - rons - rez - ront.

1re conj. J'étudie-*rai*, tu étudie-*ras*, il étudie-*ra*, etc.
2e — J'uni-*rai*, tu uni-*ras*, il uni-*ra*.
3e — Je dev-*rai*, tu dev-*ras*......
4e — Je ri-*rai*, tu......

CONDITIONNEL PRÉSENT.

rais - rais - rait - rions - riez - raient.

1re conj. Je néglige-*rais*, tu néglige-*rais*, etc.
2e — Je puni-*rais*, tu puni-......
3e — J'apercev-*rais*, tu......
4e — Je prend-*rais*,......

Subjonctif Présent.

e - es - e - ions - iez - ent.

1re conj. Que je nettoi-*e*, que tu nettoi-*es*, etc.
2e — Que j'adouciss-*e*, que tu adouciss-*es*,......
3e — Que je voi-*e*, que tu voi-*es*,......
4e — Que je ri-*e*, que tu ri-*es*,......

Temps simples qui ont des terminaisons particulières.

Présent Indicatif.

1re conj. e - es - e - ons - ez - ent. (Excepté le verbe irrégulier aller.)

2e — is - is - it - ons - ez - ent. (Excepté les verbes irréguliers.)

3e — ois - ois - oit - ons - ez - oivent. (Excepté les verbes irréguliers.)

4e — ds - ds - d - ons - ez - ent. (Excepté ceux en eindre - aindre - soudre.)
s - s - t - ons - ez - ent. (Excepté quelques verbes irréguliers.)

Passé Défini.

1re conj. ai - as - a - âmes - âtes - èrent.

2e — is - is - it - îmes - îtes - irent. (Excepté quelques verbes irréguliers.)

3e — us - us - ut - ûmes - ûtes - urent. (Excepté quelques verbes irréguliers.)

4e — is - is - it - îmes - îtes - irent. (Et quelques-uns comme la troisième.)

Imparfait Subjonctif.

1re conj. asse - asses - ât - assions - assiez - assent.
2e — isse - isses - ît - issions - issiez - issent.

3e — usse - usses - ût - ussions - ussiez - eussent.

4e — isse - isses - ît - issions - issiez - issent.

(Quelques-uns comme la 3e conj.)

NOTA. — *L'élève doit savoir par cœur la terminaison de tous les temps simples pour chaque conjugaison ; on fera conjuguer ensemble des verbes de conjugaisons différentes, comme* j'étudie *et* je lis, je conçois *et* j'emploie, *etc*...

Verbes à conjuguer deux à deux.

J'oublie, je trahis. — Je conçois, j'emploie. — Je jette, je prends. — J'étudie, je lis. — J'éloigne, je fuis. — Je couds, je noue.

89e DEVOIR.

Différents temps dans le verbe.

L'élève indiquera le temps de chaque verbe, et dira ensuite si c'est un temps simple ou un temps composé.

Les verbes de ces phrases indiquent que l'action a lieu, ou devrait avoir lieu à l'instant de la parole.

Les gens de la campagne cultivent la terre. La sagesse vaut plus que la fortune. Vous écrivez bien.

Les animaux nous obéiraient mieux si nous ne les maltraitions pas. Nous écririons si nous n'avions pas froid.

Aime tes amis et ne nuis pas à tes ennemis. Écoutons les vieillards. Protégez le faible. Aie bon courage.

Dieu veut que nous l'aimions et que nous le priions. J'exige que tu sois bon et honnête. Je doute que votre enfant soit à l'école.

Écouter les recommandations, c'est être en bonne voie de se corriger.

Ces verbes indiquent une action faite dans un temps passé.

Le mauvais riche se rassasiait des mets les plus succulents, pendant que le pauvre Lazare mourait de faim à sa porte. Nous finissions quand vous êtes entré.

Je voyageai beaucoup dans ma jeunesse. Tu récitas hier. Dès que j'eus fini mes devoirs, je sortis, et je ne rentrai que le soir.

Nous avons voyagé cette année. Tu as récité ce matin.

Quand je sortis, j'avais fini mes devoirs.

Mes élèves auraient mieux répondu, si j'avais été avec eux.

Vous auriez triomphé de votre adversaire sans votre indifférence.

Je cherchais une personne qui me consolât de la perte de cet ami.

Je craignais que tu ne m'aperçusses pas.

Je ne crois pas que ce jeune homme ait étudié la grammaire.

Il faut que tu aies fait bien des sottises pour avoir mérité cette punition.

Je ne croyais pas que ces jeunes gens eussent étudié la grammaire.

Nous ne pensions pas que vous eussiez écrit cette lettre.

Avoir fait une lâcheté est une tâche ineffaçable.

Ces verbes indiquent une action qui doit se faire dans un temps à venir.

L'instruction te servira un jour. Nous étudierons la musique. Les méchants seront punis dans l'autre monde.

J'aurai fini mon travail quand vous viendrez. Dans deux heures les ennemis auront rendu les armes et évacué la ville.

Mon père veut que nous partions demain.

Je crains que vos enfants ne retrouvent pas leur chemin.

90e DEVOIR.

Décomposer les mots suivants de cette manière :

parlerons...... *verbe* parler, *à la 1re personne du pluriel du futur, a pour modèle* aimons.

eûtes défendu.. *verbe* défendre, *à la 2e personne du pluriel du passé ant., a pour modèle* eûtes rendu.

Parlerons; prîmes; chantâtes; corrigèrent; aurons balayé; feignirent; auras oublié; payions; payons; paieront; eûtes défendu; oubliât; appellerez; nettoieras; auraient lu; ait écrit; eussions reçu; auriez aperçu; écrivîtes; porteras; avoir fui; contrains; aura récompensé; tord; sue; absout; créerons; aies compté; bougeasse; lieras; liras; fuyions; éternueras; priions.

NOTA. — *Après l'analyse, on fera mettre les pronoms convenables devant chaque verbe.*

91e DEVOIR.

Mettre au pluriel et à la même personne les sujets et les verbes suivants:

Tu reçus une lettre. Je broie des couleurs. Ton enfant étudie la grammaire. Tu entendras les morceaux que joue ce jeune musicien. Ce marais fourmillait d'insectes venimeux. Je ne pensais pas que ton frère étudiât le droit. Ce vieux général a remporté plusieurs victoires. Il porte trois décorations. Autrefois le verrou remplaçait la serrure. Ce jeu ennuie tes cousins. Je t'appelais et tu fuyais toujours. Viens avec moi. Ce chacal avait compris mon dessein, il s'enfuit. Ton frère et ton cousin placent un piége pour saisir l'animal qui détruit vos récoltes. Je ne veux pas que tu joues aux cartes. Le conseil municipal règle et dirige les affaires d'une commune. Le ciel n'a pas entendu mes gémissements. Mon œil me fait mal. Mon aïeule a vécu cent ans. L'hôpital est plein de malades.

92e DEVOIR.

L'élève traduira au singulier, les sujets et les verbes suivants:

Ne renvoyez jamais à un autre moment ce que vous pouvez faire à l'instant. Tes sœurs cousent très-vite. Vous négligeâtes l'éducation de vos enfants, aujourd'hui vous vous en repentez ; vous servirez d'exemple à ceux qui voudraient vous imiter. Les orgueilleux aperçoivent les petits défauts des autres ; mais ils ne voient pas tous les leurs. Les souris et les rats rongèrent les meubles et y pénétrèrent. Chantez plus haut, nous ne vous entendons pas. Nous imitâmes nos voisins, nous nous assîmes sur l'herbe. Nous craignions que vos enfants ne tombassent malades. Les grands princes ont toujours honoré les savants. Ceux qui ont bien travaillé, méritent de se reposer. Nous vous initierons aux secrets de cette science. Quand nos armées eurent épuisé leurs munitions, elles battirent en retraite.

Analyse.

Les souris et les rats rongèrent ce meuble et y pénétrèrent.

93e DEVOIR.

L'élève achèvera les mots commencés, et mettra immédiatement après chaque verbe, et entre parenthèses, la même personne de son modèle.

La race humaine forme... (il aime) une vaste classe d'êtres ayant tous la même conformation, les mêmes organes, les mêmes besoins à satisfaire, et qui diffère... entre eux seulement par la couleur que leur donne... le climat des pays qu'ils habite... Tous les hommes sont divisés en nations ou peuples qui son... comme de grandes familles habitant... le même pays, parlant... le même langage, ayant... les mêmes habitudes, les mêmes mœurs, et obéissant... aux mêmes lois. Les peuples diffère... donc entre eux par leurs pays, leurs langues, leurs habitudes, leur civilisation, leurs religions, leurs formes de gouvernement, leur industrie, etc. Puisque la race humaine ne comprend... qu'une classe, tous les hommes devrai... se ressembler sous tous les rapports. Cependant on aperçoit chez eux des différences dans leur manière de vivre, dans leurs goûts, leurs inclinations. Ces différences sont dues à l'éducation et au climat.

Par rapport à leur civilisation, les peuples sont *sauvages* s'ils ne connaisse... pas l'art d'écrire et s'ils n'exerce... aucune industrie. Ils sont *barbares* ou *demicivilisés* lorsqu'ils save... écrire..., mais sans avoir un ensemble de connaissances. Ils sont dits *civilisés* lorsqu'ils possède... un ensemble de connaissances qui constitue... les sciences, et qu'ils cultivent et pratiquent les arts.

Par rapport à leur manière de vivre, les peuples son... *nomades*, s'ils erre... de pâturage en pâturage avec leurs troupeaux. Ils sont *agriculteurs*, s'ils se livre... à la culture des terres dans les lieu... où ils sont nés. Ceux qui habiterai... des cavernes s'appel... *Troglodytes*.

NOTA. — *Après ce devoir, l'élève mettra tous les verbes en colonne, et en dira l'espèce, c'est-à-dire, s'ils sont actifs, passifs, etc.*

94e DEVOIR.

Aux sujets du devoir, ajouter la personne et le temps convenables du verbe manger. *On supprimera les mots entre parenthèses.*

Tu mang... (demain) les fruits que j'ai apportés. Ces mendiants ... (maintenant) un mauvais pain noir. Nous ... (ce matin) un poisson frais. Quand j'... (hier) je sortis immédiatement. Lorsque vous êtes rentré j... (ce matin) mon orange. Combien je regrette les fruits que ... (hier) dans mon jardin, ces mauvais sujets. Je ... si j'avais faim. Vous ... depuis longtemps votre dernier morceau de pain, quand je vins à votre secours. Je ne veux pas que tu ... des fruits verts. Leurs médecins exigeaient qu'ils ... peu. Tu trouves ces pêches délicieuses, cependant tu en ... de meilleures ce matin. Nous ... (hier) vos pommes, si nous étions entrés dans votre jardin. Ta mère ne voulait pas que tu ... ton goûter avant d'avoir terminé ton devoir d'écriture. Un convalescent doit ... peu à la fois. J'étais malade hier, je ... peu, mais je ... davantage demain.

Analyse.

Je vous chanterai ce soir la nouvelle romance qui a été composée par un poëte allemand.

Questionnaire. — Quelle différence y a-t-il entre le verbe actif ou transitif et le verbe neutre ou intransitif? Qu'y a-t-il de commun entre eux? Qu'est-ce que la personne dans le verbe? De quel mot le verbe tient-il son nombre et sa personne? Qu'est-ce que les modes? Qu'est-ce que le conditionnel? Le subj.? En combien de parties se divise le temps en général ? Qu'est-ce que le présent ? Le passé ? Le futur ? Qu'est-ce que les temps dans le verbe ? Quand faut-il employer le présent indicatif? Le passé indéfini ? Le futur antérieur ? Qu'exprime l'imparfait ind. ? Qu'est-ce que conjuguer un verbe ? Qu'entend-on par radical du verbe ? Que faut-il connaître pour bien orthographier un verbe? RÉPONSE. Il faut connaître son sujet, sa conjugaison, son mode, sa personne et son temps. Le complément influe-t-il sur l'orthographe du verbe qu'il complète ?

Verbes à conjuguer interrogativement.

Chanter. Payer. Dénouer. Rejeter. — Unir. Franchir. — Apercevoir. Devoir. — Attendre. Feindre. Éteindre.

95e DEVOIR.

A mettre sous la forme interrogative.

J'abandonne. Nous prîmes. Tu reçus une lettre. Il oublia. Ils avaient. Elle mangea. Nous eûmes fini. Vous aviez cru. Je perdis. Vous consentîtes. Je tords. Tu tords. Vous partirez. Il paiera. J'aurai oublié. Vous essuyiez. Il essuie. *Marche*. - *Prends*. Ils auraient chanté. On a affiché une dépêche télégraphique. Elles parleront. Il ménage son argent. On appela. Ils revinrent. Je quitte ce pays. Je vais en Amérique. Je mens. Ils ont contraint. Je lirai. Nous avions dîné. Il a parlé en public, il a été applaudi. J'eusse reçu. Tu as compris. Tu es parti.

96e DEVOIR.

L'élève achèvera les mots commencés, en tenant compte des remarques sur les verbes interrogatifs.

Où allai... elles ces dames ? Qu'étudi... ils ? Puisque j'étais là, que craign... vous? Vous donne-... on des nouvelles de votre famille ? Auron... ils fini ? Mange... il déjà seul ce petit enfant ? Per... tu courage ? Oubli... vous quelque chose ce matin ? Crain... tu quelqu'un ? Te rappel... tu cet événement ? A... on annoncé officiellement cette nouvelle ? Qui interrog... il hier l'inspecteur ? Imite... on ceux qui font mal? Cri... je bien fort, écoute ? M'achet... (futur) vous bientôt le livre que je vous ai demandé ? Qu'appren... je en fréquentant les étourdis ? Compren... ils bien l'arithmétique ? Passera... il ici ? Ven... je ce beau tableau ? Aurai... ils échoué dans leur projet ? Que voi... ils, ces enfants? De quoi s'effray... ils ? Envoy... vous vos enfants à l'école? Fais-je bien, dite... moi ? Reçu... il ma lettre ? La lu... il ? Qu'en pensa... il ? Viendron... ils me voir ? Doi... je les attendre ? Es... tu malade ? Lui donna... elle son argent ?

Analyse.

Oubliiez-vous quelque chose ce matin ? Lui donna-t-elle son argent ?

oubliiez... *verbe* ... *2e personn. plur. de l'imparf. de l'indicatif.*

lui....... *pron. personnel, 3e personn. sing., complément indirect de* donna.

t .... *lettre euphonique.*

Questionnaire. — Où se place le sujet des verbes interrogatifs ? Qu'est-ce qu'une lettre euphonique ? Quand emploie-t-on le *t* euphonique ? Peut-on dire *mens-je*, *vais-je* ? Quand on est embarrassé dans l'orthographe d'un verbe interrogatif, que doit-on faire ?

Nota. — *L'élève conjuguera interrogativement le verbe* ne pas changer : Ne changé-je pas ? Ne changes-tu pas, *etc.*

Conjugaisons des verbes actifs ou transitifs.

Ces verbes prennent tous l'auxiliaire avoir.

Conjugaison des verbes passifs.

Ces verbes prennent tous l'auxiliaire être, *dans tous les temps*.

Verbes à conjuguer.

Être découragé. Être guéri. Être aperçu. Être attendu.

Verbes neutres ou intransitifs.

Les uns empruntent avoir *et se conjuguent comme les verbes actifs ; d'autres prennent* être, *tels que :*
Arriver. Sortir. Descendre, etc.

Verbes pronominaux.

Ils prennent tous l'auxiliaire être, *qui est employé pour* avoir.

Verbes à conjuguer : S'associer. S'enrichir. S'apercevoir. S'étendre.

Verbes unipersonnels ou impersonnels.

Les uns prennent avoir, *tels que :* Neiger. Pleuvoir, etc.

Les autres être, *tels que :* Il arrive. Il résulte, etc.

—

97e DEVOIR.

L'élève reconnaîtra chaque espèce de verbe.

Nous avons visité une école primaire établie dans un joli village de la Suisse ; elle est dirigée par un instituteur instruit et dévoué qui s'empressa de nous montrer les devoirs de ses élèves. Nous fûmes étonnés de leurs progrès ; leurs cahiers étaient tenus avec un soin extrême ; il ne s'y trouvait pas une tâche d'encre qui souillât cette écriture régulière et correcte, plus belle à mesure que l'on approchait de la fin du cahier. Aucune faute d'orthographe ne déparait ces belles pages. Nous interrogeâmes quelques élèves ; leurs réponses ne se faisaient pas attendre ; elles étaient justes, précises, et dites avec un accent de conviction qui montrait qu'ils possédaient parfaitement les matières qu'ils avaient étudiées. L'ordre le plus parfait régnait dans cette classe ; la discipline y était respectée. Aussi tous les élèves travaillaient avec goût, ils s'encourageaient les uns les autres, aucun ne se laissait gagner par la paresse.

—

Formation des temps.

(Les élèves doivent bien comprendre la formation des temps.)

	1re Conj. *Prier.*	Futur.	Cond.	2me *Ternir.*	Futur.	Cond.	3me *Recevoir.*	Futur.	Cond.	4me *Refendre.*	Futur.	Cond.
Infinitif..	Je prier	— ai	— ais	Je ternir	— ai	— ais	Je recev	— rai	— rais	Je refendr	— ai	— ais
	Tu prier	— as	— ais	Tu ternir	— as	— ais	Tu recev	— ras	— rais	Tu refendr	— as	— ais
	Il prier	— a	— ait	Il ternir	— a	— ait	Il recev	— ra	— rait	Il refendr	— a	— ait
	Nous prier	— ons	— ions	Nous ternir	— ons	— ions	Nous recev	— rons	— rions	Nous refendr	— ons	— ions
	Vous prier	— ez	— iez	Vous ternir	— ez	— iez	Vous recev	— rez	— riez	Vous refendr	— ez	— iez
	Ils prier	— ont	— aient	Ils ternir	— ont	— aient	Ils recev	— ront	— raient	Ile refendr	— ont	— aient

	Pri—ant	Ind. prés. Imp.	Subj. prés.	Terniss-ant	Ind. prés. Imp.	Subj. prés.	Recev-ant	Ind. prés. Imp.	Subj. prés.	Refend-ant	Ind. prés. Imp.	Subj. prés.
Participe présent.	Je pri....	— ais	— e	Je.........	— ais	— e	Je.........	— ais	— e	Je..........	— ais	— e
	Tu......	— ais	— es	Tu.........	— ais	— es	Tu.........	— ais	— es	Tu..........	— ais	— es
	Il.......	— ait	— e	Il..........	— ait	— e	Il..........	— ait	— e	Il..........	— ait	— e
	N. pri-ons	— ions	— ions	N. terniss-ons	— ions	— ions	N. recev-ons	— ions	— ions	N. refend-ons	— ions	— ions
	V. pri-ez	— iez	— iez	V. terniss-ez	— iez	— iez	V. recev-ez	— iez	— iez	V. refend-ez	— iez	— iez
	Ils pri-ent	— aient	— ent	Ils terniss-ent	— aient	— ent	Ils reçoiv-ent	— aient	— ent	Ils refend-ent	— aient	— ent

	1re.	Impér.	2e.	3e.	4e.
3 personnes du présent indicatif.	....				
	Tu pries	— prie	— ternis	- reçois	— refends
	....	—	—	—	—
	N. prions	— prions	— ternissons	— recevons	— refendons
	V. priez	— priez	— ternissez	— recevez	— refendez

	1re.	Imp. Subj.	2e.		3e.	4e.
Passé défini.	Je pri-ai	-asse	Je ternis	-se	-se	-se
	Tu pri-as	-asses	Tu ternis	-ses	-ses	-ses
	Il pri-a	-ât	Il ternit	-it	-ût	-ît
	N. pri-âmes	-assions	N. ternîmes	-issions	-ussions	-issions
	V. pri-âtes	-assiez	V. ternîtes	-issiez	-ussiez	-issiez
	Ils pri-èrent	-assent	Ils ternirent	-issent	-ussent	-issent

Verbes irréguliers.

NOTA. — *On pourra faire étudier dans les grammaires les verbes irréguliers de chaque conjugaison ; on fera remarquer les temps qui ne sont pas formés régulièrement; les élèves conjugueront les plus difficiles, et copieront les devoirs suivants en complétant les mots commencés.*

—

98e DEVOIR.

RÉFLEXIONS.

Mes chers élèves, pourquoi vous envoi... on à l'école ? Qu'y ven... vous faire? Chacun de vous le sai... parfaitement. Vos parents vous envoi... à l'école pour que vous y acqué...... l'instruction qui vous sera indispensable quand vous occupe... une position dans la société. A l'école, on cherche, non-seulement à orner votre esprit, mais encore à purifi... votre cœur. On veu... que vous soyez instruits, bons et vertueux. L'instruction et l'éducation ennobli... l'homme, élève... ses pensées, le rappel... à ses devoirs qu'il accompl... mieux quand il les compren... Va... donc à l'école avec confiance, mon cher enfant, travaille... y avec ardeur. Puisqu'il est nécessaire que tu acqui... de l'instruction, applique... toi avec zèle aux sciences que tu étudi... (futur); ne perd... pas ton temps ; met... à profit les leçons et les conseils que te donne... tes maîtres ; plus tard, tu en recueill... des fruits abondants. Si vous avez bien employ... votre temps en classe, le soir vous reviend...

contents à la maison ; vous pour... vous dire: J'ai acqu... aujourd'hui de nouvelles connaissances, demain j'en acq... d'autres. Je me sen... satisfait, et vous vous endormir... dans de bonnes pensées. Les élèves, au contraire, qui fui... l'école, qui cour... pendant toute la journée, ne seront pas contents quand ils reviend... le soir dans la famille. Ils sent... qu'ils n'ont pas bien agi... puisqu'ils ment... à leurs parents qui croi... que leurs enfants revien... de leur pension ; un remords de leur mauvaise conduite les bourrel... (futur) toute la nuit.

99e DEVOIR.

Puisqu'il faut que vous all... à l'école et que vous acque... étant jeunes, les connaissances qui vous servir... dans les fonctions que vous remplir... plus tard, faites... votre possible pour que cet honorable but soi... atteint. Il y a des enfants qui von... aux écoles pendant tout leur jeune âge, et qui néanmoins ne recueil... aucuns fruits de ces années d'étude mal employées ; c'est que ces enfants vien... à leur classe parce qu'on les y contrain... ils étudi... mal et sans goût, ils fon... négligemment leurs devoirs ; la légèreté et la paresse qu'ils ne cherche... pas à surmonter, tu... leurs bonnes dispositions et arrête... leurs progrès. L'enfant qui ne conqu... (conquérir) pas l'empire sur ses vices et sur ses passions, est un lâche ; il s'endor... dans une funeste apathie qui nour... et entretien... son dégoût pour toute occupation sérieuse. Malheur à toi, si tu tombe... dans cet état ; l'intelligence que Dieu créa... et mi... en toi, s'étein... (futur) et mour... si tu ne la cultive... pas. Considère... les arbres des forêts qu'on abandonne... à eux-mêmes; voi... ceux que nous soign... dans nos champs; les premiers ne porte... que de mauvais fruits ; les autres au contraire en fourni... de bonne qualité que nous recueil... soigneusement. L'intelligence qui n'a pas été cultivée est un arbre stérile.

100e DEVOIR.

Nos cinq sens nous mett... en relation avec les êtres qui nous entour... Un objet extérieur frappe... il nos yeux ; aussitôt cet objet produi... au cerveau une impression. Enten... tu un son, un bruit, de nouvelles impressions se produi... ; il en est ainsi pour chacun de nos sens. Ces impressions que nous ressent... donne... naissance à nos idées, à nos sentiments. Mais comme tout le monde ne sent... pas de la même manière, il s'ensui... que les idées que nous avons d'une chose vari... selon les personnes. Pour que tu ai... une idée exacte, juste, d'un objet, il faut que tu le connaisse... sous toutes ses faces; tu doi... savoir en apprécier les qualités et les défauts, et connaître ce qui constitu... le beau, le vrai. Tu ne peu... donc porter de jugement juste que sur les choses que tu connai... parfaitement; en un mot, il faut être instruit pour juger sainement. Les hommes qui meur... sans avoir cultivé... leurs facultés intellectuel... n'ont pas pu... connaître toutes les jouissances attachées à l'existence humaine. Mett... (impératif) une personne ignorante en présence d'artistes habiles qui jou... un beau morceau de musique, elle ne s'émou... (futur) pas, elle ne sera que médiocrement affectée; montrez-lui un beau paysage, je ne pense pas qu'elle s'ém... davantage. Les connaissances que nous acqu... par l'étude, perfection... nos sens; elles nous en cré... pour ainsi dire d'autres, en développant notre intelligence. L'homme instruit ne voit pas les choses de la même manière que les voi... les ignorants. Les yeux de l'esprit aperc... des beautés, des chefs-d'œuvre qui échappe... aux yeux du corps. Les sciences initi... notre intelligence aux sublimes spectacles de la nature, et elles procure... des charmes, des douceurs à ceux qui les cultive... avec goût.

101e DEVOIR.

Il y a deux ans, je résolu... d'aller explorer les montagnes de ce pays. Comme je ne voul... (imparf.) pas m'engag... seul dans des chemins périlleux que je ne connaiss... pas, j'écriv... à un de mes amis qui voyag... pour une maison de commerce de Lyon. Il me répond... qu'il acquiesc... à la proposition que je lui fais... et qu'il vien... me rejoindre après avoir terminé ses affaires. Je ne l'attend... pas longtemps, je le vi... bientôt arriver. Nous fi... (passé défini) les préparatifs du départ, et dès le lendemain matin, nous nous mî... en route, en nous dirig... du côté de la montagne que nous voy...

devant nous. Nous quitt... la grande route, nous pri... un chemin qui nous conduisi... sur le bord d'un ruisseau que nous cotoy... pendant plus d'une heure. Il faisait encore un peu nuit, le ciel était serein. Les étoiles jet... un dernier éclat qu'affaibliss... la lumière du crépuscule qui nai... (naître) à l'orient ; c'était une belle matinée de mai. Le chant des oiseaux qui adress... leur hymne de reconnaissance à l'Être Suprême qui les cré... (passé défini) se mêl... au murmure des eaux du torrent et au bruissement des feuilles que remu... (imparfait) la brise du matin ; tout cela formait un concert délicieux qui absorb... les puissances de notre âme et auquel nous nous associ... malgré nous. Que les plaisirs du monde sont peu de chose en comparaison des émotions que fai... éprouver les grands spectacles de la nature aux cœurs qui les sent... et les compren... ! Je n'oubli... (futur) jamais la joie que je ressent... alors. Nous gravi... silencieusement la montagne, plongés dans nos réflexions, lorsque nous fûmes tirés de cette rêverie par la clarté du soleil qui apparais... à l'horizon. Nous saluâ... le flambeau du jour qui répan... la vie sur toute la nature, qui lui... sur les bons et sur les méchants. Mon ami et moi le contempl... (passé défini) un instant. Ensuite nous continuâmes notre route.

102e DEVOIR.

Après trois heures de marche, nous parv... sans accident, sur un large plateau où notre vue se récré... (passé défini) agréablement. Des prairies unies, des ravins, des forêts, des rochers escarpés, s'offri... à nos regards. Je me sen... fatigué, di... je à mon compagnon; ass... (asseoir) nous ici et prenons un peu de nourriture. Je veu... bien, me répondi... il; sor... les provisions, met... les sur le gazon, qui nous servir... de nappe; assi... toi sur ce tronc d'arbre, moi, je m'ass... (futur) sur une pierre. Je lui obéi... ; il pren... le pain, en romp... un morceau qu'il me présente: pren... me di... il, mang... pour renouvel... tes forces, car tu en aura... besoin si tu veu... me suivre dans mes excursions. Il faut que j'étudi... tous les lieux du plateau et que je voi... tout ce qu'il y a de remarquable; et pour conserver longtemps le souvenir de cette excursion, je vai... prendre, dans mon album, les points de vue qui me paraîtr... les plus beaux. Après nous être reposés un instant, nous nous levâ... pour commencer notre exploration. Nous nous munî... chacun d'un bâton et nous dirig... nos pas vers le point le plus éloigné du plateau. Mon ami, qui était un peu artiste, me fai... (imparf.) remarquer toutes les beautés des lieux que nous visit... A chaque instant, nous chang... de paysage. Cette variété de sites nous plu... beaucoup et piqua... vivement notre curiosité. Mon compagnon jet... sur le papier quelques ébauches qu'il se promi... de retoucher à notre retour. Enfin, comme la nuit approchait, nous repri... le chemin de notre village, où nous arrivâ... sans accident regrettable.

—

103e DEVOIR.

Résumé sur l'orthographe des verbes les plus difficiles.

L'élève se rendra bien compte de la personne, du temps, du mode et de la conjugaison des verbes suivants, afin de pouvoir facilement en ajouter la terminaison.

J'appréci... ce que je di... Il faut que tu croi... en sagesse, en même temps que tu croi... (futur) en âge. Agré... il mon cadeau ? Hier, nous nous récré... dans le jardin, pendant que vous vérifi... nos devoirs. Cette médaille a été béni... par l'évêque. Je ven..., il enten..., tu men..., il corromp..., il refai... vous défai..., je rejoin..., il se résou... Renvoi... moi ce livre. Il désirait que tu vin... Ce blessé mour... bientôt. Vêt... toi chaudement, il fera... froid. Reviendr... ils ? Ai-je ouv... la porte ? Si je sor... le cheval, dans le clos, cour... (futur) il ? A qui éch... ces belles propriétés ? Ce n'est pas à moi qu'elles éch... (futur). Il faut que tu pourv... aux besoins de ta famille. Comment vous appel... vous ? Je m'appel... Léon. Quand on est fatigué on s'ass... Je veu... que vous vous ass... dans ce fauteuil. Je m'y ass... (futur) puisque vous le voul... Ils ne voul... pas que je m'ass... Sache bien tes leçons demain. S'essui... ils ? Je crois que cet homme se noi..., va... lui porter secours. Tu m'absou... Cet accusé a été absou... Il conclu... qu'il était innocent. J'avais fini mon devoir avant qu'il commenc... le sien. Hier, je cou... mon cahier, je le décou... demain. Je n'adm... pas ces élèves dans ma classe; je les adm... l'année prochaine. Il ne faut pas que vous ri... devant cet homme. Ri... ils? Ces bergers viv... du lait qu'ils trai... eux-mêmes. Quand j'entend... (passé défini) prononcer mon nom, je me tu... (taire). Les fruits nai... au printemps. Vous di... (prés. ind.) que le poëte Racine na... (naître) en 1639.

QUESTIONNAIRE. — 1. De quoi est formé un temps composé? 2. Quels sont les verbes qui empruntent toujours l'auxiliaire *avoir* ? 3. Quel auxiliaire empruntent les verbes passifs? 4. Les verbes impersonnels ? 5. Qu'est-ce qu'un temps primitif? 6. Quel est le temps qui forme le présent conditionnel ? 7. Le subjonctif présent ? 8. Le subjonctif passé? 9. Qu'est-ce qu'un temps irrégulier ? 10. A quels temps et à quelles personnes les verbes *acquérir, pleuvoir, voir, boire, lire, vivre*, sont-ils irréguliers?

NOTA. — *Arrivé à cette partie de la grammaire, l'élève doit bien connaître l'analyse grammaticale dont il a dû faire de fréquents exercices, soit par écrit, soit de vive voix.*

Comme les mots invariables ne présentent aucune difficulté pour l'orthographe, on ne donnera pas de devoir sur cette partie de la grammaire. Nous allons donner un exemple d'analyse renfermant des mots invariables.

Les enfants qui parlent sans cesse et qui écoutent peu, disent souvent des grossièretés.

Les......... *art. simpl. masc. plur., détermine* enfants.
enfants ..... *subst. comm.*, *etc.*
qui.......... *pron. relatif*, 3e *pers. masc. plur., sujet de* parlent.

parlent..... *verbe.*
sans-cesse .. *locution adverbiale, modifie le verbe* parlent.
et......... *conjonction.*
qui........
écoutent ...
peu........ *adverbe, modifie le verbe* écoutent.
de......... *préposition.*

PARTICIPE PRÉSENT ET ADJECTIF VERBAL.

Principe. — Le participe présent exprime principalement une action. L'adjectif verbal marque plutôt l'état, la qualité du mot auquel il se rapporte.

1° Le mot terminé en *ant* est participe présent lorsqu'il a un complément direct ; et il est adjectif verbal quand il est combiné avec le verbe *être* exprimé ou sous-entendu.

Les jeunes élèves que nous avons vus *étudiant* et *récitant* tour à tour leurs leçons sont très-*intéressants*.

2° Lorsqu'il est précédé de la préposition *en* signifiant *en faisant l'action de*; et il est adjectif verbal, si cette préposition signifie *à la manière de*.

Ces étrangères qui sont parties en *courant* étaient déguisées en *mendiantes* (en femmes mendiantes).

3° Lorsqu'il est accompagné de la négation *ne*; et il est adjectif verbal lorsqu'il est modifié par *si*, ou précédé de quelque autre adverbe de quantité.

Ces enfants, n'*appréciant* pas l'intérêt que vous leur portez, se montreront peu *reconnaissants* de vos soins.

Nous avons vu une centaine d'enfants *chantant* en cœur un joli morceau de musique ; ils étaient *rayon-*

nants de joie. Tous les auditeurs étaient ravis en les *entendant* si bien exécuter ces airs *émouvants*.

Les hommes déguisés en *mendiants* que tu as vus passer ce matin, sont des voleurs *fuyant* les lieux où ils ont commis leurs crimes.

On doit se défier des chiens *errants*.

Nos soldats *triomphants* rentrèrent dans la ville *emmenant* avec eux une foule de prisonniers.

Je ne bois pas de liqueurs *enivrantes*.

104e DEVOIR.

L'élève achèvera les mots commencés.

LA CHASSE AUX MARAIS.

Des chasseurs entrèrent un matin du mois de septembre dans des marais abondant...en gibiers.Leurs chiens, brûlant... d'impatience, se précipitèrent dans les eaux croupissant...,fouillant... dans les herbes touffues, battant... l'eau, courant... de tous côtés, et, par leurs aboiements effrayant... jetèrent l'alarme chez les hôtes défiant... du marais. Ceux-ci quittent leurs retraites humides et, en s'envolant, poussent des cris alarmant... Mais les chasseurs, dirigeant... sur les fugitifs l'arme meurtrière, les étendent mourant...à leurs pieds. Aussitôt les chiens, excités par l'odeur enivrant...de la poudre et par les sifflets perçant... de leurs maîtres, se précipitent sur les malheureuses victimes et les apportent palpitant... aux chasseurs, qui se montrent reconnaissant... De tous côtés, les détonations des fusils, se mêlant... aux cris des chiens, troublent tellement les pauvres oiseaux, qui, ne sachant... où se sauver, se dirigent quelquefois au-devant du coup qui doit les abattre ; aussi succombent-ils en grand nombre. A peine la lumière naissant... du soleil eut-elle éclairé cette scène de carnage, que chaque chasseur avait une provision abondant... de gibiers. On rappela les chiens, qui arrivèrent tout haletant... et dégouttant... d'eau ; leurs forces étaient épuisées, ils se couchèrent sur l'herbe, refusant... la nourriture qu'on leur offrait. Enfin, après quelques instants de repos, les chasseurs rentrèrent au village, où, quelques instants après, un excellent repas vint ranimer leurs forces défaillant...

PARTICIPE PASSÉ.

Principe. — Les participes passés, quand ils ne doivent pas rester invariables, prennent le genre et le nombre du mot auquel ils se rapportent. Ils ont les terminaisons suivantes :

	m.	f. s.	m. p.	f. p.
Pour la 1re conjugaison :	é —	ée —	és —	ées
Pour les 3 autres :	i —	ie —	is —	ies
	u —	ue —	us —	ues
	it —	ite —	its —	ites
	is —	ise —	is —	ises...

Mettre au masculin et au féminin (excepté pour ceux qui ne varient jamais) les participes passés des verbes : payer, scier, acquérir, acquiescer, avoir, devoir, tendre, prédire, offrir, revenir, naître, mourir, sortir, vêtir, vaincre, joindre, agréer, mettre, savoir, cuire, résoudre, clore, asseoir, faire, dire, peindre, rire, suffire, bouillir, être, nuire.

Le participe passé peut s'employer de trois manières dans la phrase : 1° seul ; 2° avec l'auxiliaire être ; *3° avec l'auxiliaire* avoir.

1re RÈGLE. — Participe employé sans auxiliaire, s'accorde avec le mot auquel il se rapporte.

Un appartement tapissé, blanchi, dépourvu de meubles, peint et remis à neuf. Une chambre tapissée, blanchie, dépourvue de meubles, peinte et remise à neuf.

Une chambre et un salon, tapissés, blanchis, dépourvus de meubles, peints et remis à neuf.

105e DEVOIR.

Peu habitué... au travail manuel, cette pauvre femme exilé... et dépourvu... de ressources, supportera douloureusement l'existence. Les fruits cueilli... et fermé... avant leur maturité, ne se conservent pas longtemps, surtout si on les met dans des local... privé... d'air. Tenu... pour mort..., ces deux dames furent abandonnées ; revenu... à la vie et effrayé... de leur isolement, elles se crurent perdu... Dirigé... par un aussi bon professeur, cette pension ne peut manquer de prospérer. La famine annoncé... et prédit... par Joseph arriva. Méprisé... de tout le monde, et maudit... par leurs parents, les enfants vagabonds traînent une existence malheureuse. Ému... jusqu'aux larmes par le récit de la triste position de cette jeune fille devenu... orpheline et réduit... à la plus affreuse misère, nous la recueillîmes dans notre maison. La fortune et le talent acquis... par un travail assidu, honorent celui qui les possède. Banni... de leur pays et conduit... à l'étranger, ces malheureux soldats expièrent cruellement les fautes commis... par eux dans leur patrie.

NOTA. — *Après avoir corrigé ce devoir, on pourra le faire recopier en mettant des mots d'un autre genre à la place de ceux auxquels se rapportent les participes.*

106e DEVOIR.

EXCEPTIONS A LA 1re RÈGLE.

Les participes passés suivants restent invariables seulement quand ils précèdent le mot auquel ils se rapportent ; ce sont :

Excepté, supposé, passé, ci-joint, ci-annexé, ci-inclus, y compris, non-compris, attendu, vu, ouï, approuvé, certifié.

Tous les êtres suivent les lois de la nature, excepté... les hommes. Toute la classe ira à la promenade, les élèves punis excepté... Il est onze heures passé..., je vous donne jusqu'à midi pour faire votre composition, passé... cette heure vous devez me la rendre. Je vous mènerai demain sur la montagne, supposé... une belle journée. Les hypocrites n'ont que des vertus supposé... Je vous adresse ci-joint... toutes les pièces que vous me demandez. La déclaration ci-annexé... a été faite par vous. Tous les papiers ci-joint... appartiennent au même procès. La disposition ci-inclus... ne vous concerne pas. Il donne tous les ans deux mille francs aux pauvres, non-compris... les aumônes extraordinaires. Il donne tous les ans deux mille francs aux pauvres, les aumônes extraordinaires y compris... Attendu... la bonne foi du prévenu, vu... les dépositions écrites certifié... par le maire, le tribunal le renvoie de la plainte.

2e RÈGLE. — Participe employé avec l'auxiliaire *être*, s'accorde avec le sujet du verbe dont il fait partie.

Cet appartement est tapissé, blanchi, dépourvu, etc.

Cette chambre est tapissée, blanchie, dépourvue, etc.

Cette chambre et cet appartement sont tapissés, blanchis, etc.

107e DEVOIR.

La vertu sera récompensé..., mais les vices seront puni... Ta mère a été trompé... et induit... en erreur. La nouvelle qui est arrivé... hier a été démenti... par les journaux d'aujourd'hui. Toutes les parties de l'Amérique n'ont pas été découvert... et connu... à la même époque. Peu de gens sont plus instruit... que ceux qui habitent cette contrée. Je ne sus jamais où fu... enseveli... les restes de nos compagnons égorgé... par les sauvages. C'est toi, ma fille, qui es accusé... et convaincu... d'ingratitude envers ta mère. Amélie est bien préparé...

pour son examen ; toutes ses matières ont été étudié... avec beaucoup de soin ; elle pense être classé... une des premières. Je ne crois pas que nos troupes ai... été vaincu... et fait... prisonnières. Vos sœurs sont né... à Paris ; elles sont ensuite venu... habiter la province.

NOTA. — *Après la correction de ce devoir, on fera écrire en colonne tous les participes précédés de leur verbe, et l'on indiquera les sujets et le temps du verbe.*

sera récompensé... *au futur*, *a pour sujet*, vertu.

3e RÈGLE. — Participe employé avec l'auxiliaire *avoir*, s'accorde avec son complément direct qui précède.

L'appartement que j'ai tapissé, blanchi, etc.

La chambre que j'ai tapissée, blanchie, etc.

La chambre et l'appartement que j'ai tapissés, blanchis, etc.

J'ai tapissé et blanchi mon appartement.

Nous avons tapissé et blanchi nos appartements.

108e DEVOIR.

Nous avons lu... les livres que vous nous avez prêté... ils nous ont appris... beaucoup de choses. Votre composition est faible, vous l'avez négligé... Nous avons gémi... et pleuré... sur les malheurs qui ont accablé... cette pauvre famille. La vallée de l'Isère est bien belle, je l'ai vu... plusieurs fois. Madame, je vous ai voué... une reconnaissance éternelle, pour tous les services que vous m'avez rendu... Que de désagréments j'ai éprouvé... Tous les hommes qui ont traité... cette question, ont commis... l'erreur que je vous ai signalé... Combien de larmes il a versé... Quelles règles avez-vous suivi... Nous avons suivi... les règles que vous nous avez appris... Vos tantes ont bien vieilli... depuis cinq ans, je ne les aurais pas reconnu .. L'eau que nous avons bu... nous a indisposé... La sécheresse a duré... si longtemps, que plusieurs sources ont tari... Avez-vous lu... les poésies que m'a offert... votre nièce ? Oui, je les ai lu... La potion que j'ai pris... ce matin, m'a calmé... ou calmé... Vous n'ignorez pas tous les vieux préjugés qu'a détruit... cette doctrine. Vous avez tressailli... aux récits que je vous ai fait... de cettre triste aventure.

NOTA. — *On mettra tous les participes corrigés, en colonne, et l'on dira le motif de leur terminaison.*

Lu... *invariable, attendu que le complément direct est après.*

Orthographe des participes des cinq espèces de verbes.

Verbes actifs ou transitifs.

Les participes des verbes actifs ou transitifs suivent la règle 3e; c'est-à-dire, qu'ils s'accordent avec leur complément direct qui précède, et restent invariables si ce complément est après, ou s'il n'y en a point de cette espèce.

Verbes passifs.

Les participes de ces verbes suivent la règle 2e.

Verbes neutres ou intransitifs.

Les participes de ces verbes, qui prennent être, *suivent la règle 2e; ceux qui prennent* avoir, *la règle 3e; et ces der-*

niers sont toujours invariables, parce qu'ils n'ont jamais de complément direct.

109e DEVOIR.

Les oiseaux chanteurs qui animaient nos bosquets, sont disparu... depuis que le froid se fait sentir. Les hommes que nous poursuivions ont disparu... au détour de la route. Nos chevaux ont couru... tout le jour, ils sont arrivé... de bonne heure. Ces dames ont passé... à Genève, où elles sont resté... plusieurs jours. Plusieurs officiers ont péri... dans cette rencontre imprévue. Les deux heures pendant lesquelles j'ai veillé... m'ont paru... bien longues. Vos sœurs sont parti... elles sont allé... à leur pension ; quand elles seront revenu... vous me préviendrez, je veux voir si elles ont grandi... et si elles ont répondu... aux soins que je leur avais donné... pendant leur enfance.

Verbes pronominaux.

Les participes de ces verbes, quoique employés avec être, *suivent tous la règle 3e, attendu que, dans ces verbes, l'auxiliaire* être *est mis pour* avoir.

L'orthographe de ces participes est une grande difficulté pour les élèves, parce que, dans beaucoup de cas, il est difficile de savoir si le second pronom est complément direct ou indirect. Lorsque le pronom complément ne répond pas aux questions que l'on fait pour trouver les compléments indirects, on doit le regarder comme complément direct.

110e DEVOIR.

Nous nous sommes montré... les lettres que nous nous étions écrit... pendant notre séparation. Ils se sont trompé... de chemin. Ces deux femmes se sont vu..., elles se sont parlé... et se sont dit... des injures. Nous nous étions proposé... pour occuper cette place, on nous a trouvé.... trop jeunes. Mesdemoiselles, vous vous êtes repenti... de n'avoir pas mis en pratique les conseils que je vous ai donn... ; vous vous êtes plu... à agir autrement, voyez dans quelle position vous vous êtes mis... Vos oiseaux se sont échappé... de leur cage, vous ne vous seriez pas douté... qu'ils auraient pu... sortir. Nous nous sommes empressé... de retirer de l'eau cette malheureuse fille qui s'y était jeté... Ce sont les seules distractions que je me suis permi... Nous nous sommes étonné... de la foule qui s'était rendu... sur le lieu du sinistre.

Verbes unipersonnels ou impersonnels.

RÈGLE. — *Le participe de ces verbes est toujours invariable.*

111e DEVOIR.

Les mauvais temps qu'il a fait... au commencement du printemps ont endommagé... toutes les récoltes que la gelée avait épargné... Il est arrivé... des troupes ce matin, elles se sont procuré... des logements en ville.

Mes enfants, il vous est défendu... de courir. Nous sommes resté... fermé... pendant les trois jours qu'il a plu... Il a été publié... sur cette science des livres qui n'ont apporté... aucun éclaircissement nouveau à ceux qui l'ont étudié... Il a été perdu... une montre. J'ignore les raisons qu'on a donné... sur l'erreur qu'il y a eu dans notre marché. Toutes les provisions qu'il a fallu... expédier aux troupes, ont péri dans la traversée.

Participes suivis d'un infinitif.

RÈGLE. — *Le pronom qui précède ces participes peut appartenir à l'infinitif ou au participe. Lorsque le substantif dont il tient la place fait l'action exprimée par l'infinitif, le pronom est complément du participe.*

EXEMPLE. — Les enfants que j'ai *entendus* réciter.

Le substantif représenté par le pronom que, *fait l'action exprimée par* réciter; *donc le pronom est complément du participe.*

Les nouvelles que j'ai *entendu* raconter.

Le substantif représenté par que *ne fait pas l'action exprimée par* raconter; *donc le pronom est complément de l'infinitif.*

112e DEVOIR.

Les troupes que nous avons vu... partir se sont dirigé... du côté de la frontière ; arrivé... aux limites de la France, on les a contraint... de s'arrêter. Elles se sont vu... barrer le passage d'un pont, par l'armée française que l'on avait fait avancer. Les paroles que je vous ai entendu... prononcer ont ému... tout le monde. Voici les fruits que je vous ai vu... cueillir. Vous vous êtes laissé... insulter par ces étrangers, et vous les ayez laissé... continuer leur route. Mes amis, respectons le toit qui nous a vu... naître. Vos sœurs se sont embrassé... avant de se séparer ; je les ai vu... pleurer. Toutes les nouvelles que tu as entendu... lire, ne sont pas véritables. Voici les acteurs que nous avons vu... jouer, nous les avons entendu...applaudir. Les dames que j'ai vu...passer, m'ont paru... être vos sœurs. Les commissions qu'on m'a donné... à faire, m'ont occupé... jusqu'à six heures passé... As-tu su la leçon, que tu as eu... à étudier? Oui, je l'ai su... Je les ai prié... de m'accompagner. Les tableaux qu'ils nous ont fait... voir, avaient été peint... par un jeune élève. Les anciens respectaient beaucoup les animaux qu'ils avaient fait... dieux. O ma sœur! si le ciel t'eût laissé... vivre, que de jours heureux nous aurions vu... s'écouler! Je les ai laissé... gronder, parce qu'ils s'étaient mal conduit...

Participe précédé de *l'* signifiant *cela*, et participes *dû*, *pu*, *voulu*, ayant pour complément direct un infinitif sous-entendu.

113e DEVOIR.

Notre promenade a été plus agréable que je ne l'aurais pensé... ; nous avons visité... tous les appartements que nous avons voulu... L'affaire s'est arrangé... comme je l'avais désiré... Je l'ai vu..., enfin, cette grande cité. J'ai fait pour vous tous les sacrifices que j'ai pu... ; ne me demandez plus rien. Il épouse une femme vertueuse comme il l'avait désiré... Voici les quittances des sommes que je vous ai du...; je vous les apporte. Messieurs, comme vous me l'avez dit... c'est une science que j'aurais du... étudier, mais mon père ne l'a pas voulu... Vos enfants sont paresseux, je vous l'ai dit... cent fois, madame, vous auriez du... me croire, je leur ai donné... tous les soins que j'ai pu... ils n'en ont pas profité... ; je les en ai grondé... souvent, mais ils sont resté... insensibles.

Participe précédé de *peu*.

RÈGLE. — *Ce participe se rapporte tantôt à* peu, *et tantôt au* substantif suivant.

Il s'accorde avec le substantif suivant, quand peu *signifie une petite quantité ; le participe s'accorde avec* peu *quand ce mot signifie le manque, le défaut.*

114e DEVOIR.

Le peu de fortune que m'ont laissé... mes parents m'a suffi... pour faire élever mes enfants. Votre nièce se plaint du peu de bienveillance que vous lui avez montré... Vos parents se sont plaint... du peu de progrès que vous avez fait... Le peu de nourriture que j'ai pris... m'a donné des forces. J'ai oublié.. le peu de connaissances que j'avais acquis... dans ma jeunesse. Toutes les erreurs que vous avez commis... sont dû... au peu d'instruction que vous avez acquis... L'oubli de telles convenances, dénote le peu d'éducation qu'on a reçu... Nous avons été indigné... du peu d'attention qu'on nous a montré...

Récapitulation sur les participes.

115e DEVOIR.

Découverte de l'Amérique.

Toutes les parties de la terre n'ont pas été connu... et habité... en même temps. L'Écriture sainte nous dit que la race humaine a commencé... par deux personnes et qu'elle s'est perpétué... au moyen d'une famille sauvé... du déluge universel. L'Asie est regardé... comme le berceau des premiers hommes qui ont existé... ; l'Afrique et l'Europe ont reçu... successivement des habitants. Mais l'Amérique, créé... en même temps que le reste du globe, est demeuré... inconnu... pendant plus de cinq mille ans à l'ancien monde dont elle est séparé... par les deux Océans. C'est à la science qu'il était donné... de faire cette découverte importante; mais, comme les progrès de la civilisation ont été lents, l'Amérique a du... rester longtemps ignoré... La population de l'ancien continent s'est peu à peu augmenté... ; les descendants d'une même famille s'étaient réuni... en tribus et avaient formé... des peuples différant par leurs mœurs et leurs habitudes. Ces peuples se sont modifié... bien souvent par suite des guerres qu'ils se sont fait... entre eux; les vaincus ont subi... le joug des vainqueurs qui se sont enrichi... de leurs dépouilles, en attendant d'être à leur tour subjugué... par d'autres nations. Au milieu de ces vicissitudes, la civilisation n'a pas fait... de grands progrès. Les premiers hommes étaient bergers ou agriculteurs, ils avaient des goûts simples ; ils se sont longtemps nourri... du lait de leurs brebis et vêtu... de leur toison. Cependant la population étant devenu... plus nombreuse, les besoins se sont accru..., les goûts ont changé... ; alors on chercha des ressources dans l'industrie. Les hommes commencèrent à cultiver l'intelligence qu'ils avaient reçu... de Dieu ; ils ont étudié... non pas dans les livres, mais dans la nature, cet autre livre toujours ouvert qui renferme tant de choses, et dans lequel un petit nombre de personnes seulement savent lire. Quelques principes furent trouvé... à la suite d'observations souvent renouvelé... Ces principes, qui avaient frappé... d'admiration les premiers hommes, furent des germes féconds qui ont donné... naissance aux sciences et aux arts que plusieurs peuples de l'antiquité ont cultivé... avec succès. Ainsi les Egyptiens, les Grecs, les Romains sont sorti... de la barbarie dans laquelle étaient plongé... toutes les anciennes nations. Ces peuples se sont élevé... à un haut degré de splendeur et de gloire ; ils ont excellé... dans les sciences et dans les arts; les noms des hommes célèbres de cette époque ont passé... à la postérité et leurs ouvrages sont encore regardé... aujourd'hui comme des chefs-d'œuvre immortels. Cependant les peuples de l'antiquité ne se sont pas maintenu... longtemps dans la région élevé... où les avait placé... la civilisation; les guerres qu'ils ont eu... à soutenir, ont détourné... les esprits de l'étude. Devenu... la proie des barbares du Nord qui étaient venu... les attaquer, les nations civilisées sont retombé... dans les ténèbres de l'ignorance. Le culte des sciences et des arts fut abandonné..., la civilisation rétrograda. La religion chrétienne, qui s'était ensuite substitué... au paganisme, s'était donné... la tâche de détruire les superstitions absurdes qui ont gouverné... le monde pendant si longtemps. Les écoles qu'on a vu... s'établir dans les communautés religieuses n'ont pas jeté... un grand éclat, elles ont néanmoins servi... à conserver les traditions de la science jusque vers le 15e siècle, époque à laquelle quelques hommes savants ont reparu... sur la scène du monde, et ont ramené... le goût de l'instruction qui s'était éteint... sous l'influence des vieux préjugés.

116e DEVOIR.

Parmi les hommes célèbres que le 15e siècle a vu... naître, on doit citer le navigateur Christophe Colomb, qui naquit à Gênes en 1441. C'est à lui qu'était réservé... la gloire de découvrir l'Amérique. Les sciences mathématiques qu'il avait étudié... lui procurèrent cette justesse d'esprit et de raisonnement qui est le flambeau qui nous éclaire dans la solution des problèmes que nous nous sommes proposé... de résoudre. Il avait calculé..., d'après les connaissances cosmographiques qu'il avait acquis..., que, puisque notre terre est un globe, nous n'en devions connaître qu'une partie. L'espace compris... entre l'ouest de l'Europe et l'est de l'Asie ne devait pas être occupé...

tout entier par la mer. Une fois cette idée acquis..., il dut songer à aller voir cette terre que son intelligence avait deviné... Le peu de fortune que sa famille lui avait laissé... ne lui permettait pas de faire les frais d'un voyage maritime. La demande de secours qu'il adressa d'abord à sa patrie fut mal accueilli..., et son entreprise traité... d'extravagance. Sa conviction ne s'était pas laissé... ébranler par ce premier échec, il quitta cette patrie qui plus tard s'est repenti... du peu de bienveillance qu'elle avait accordé... à un projet dont l'exécution lui eût procuré... la gloire et la richesse. Il vint offrir son monde aux cours d'Espagne, de Portugal, de France et d'Angleterre, mais partout ses propositions furent repoussé... ; son projet était regardé... comme le rêve d'une imagination malade qui méritait plus de pitié que de mépris; telle est la destinée qu'ont presque toujours eu... les entreprises dont la réalisation devait donner des résultats extraordinaires; la routine s'est toujours opposé... aux innovations qu'on a tenté... de substituer à de vieux usages. Les grandes idées n'ont jamais été mis... à exécution immédiatement après avoir été conçu..., elles ont langui... jusqu'à ce qu'il se soit trouvé... des hommes puissants qui aient bien voulu... les prendre sous leur protection. Tous les refus que Colomb avait essuyé... ne le découragèrent pas. Le peu d'attention que la reine d'Espagne avait accordé... à ses propositions, l'engagèrent à retourner à Madrid où il fut obligé... d'attendre que la guerre qui avait éclaté... contre les Maures fût terminé... Enfin, lassé... de ses sollicitations, la reine Isabelle de Castille, qui n'avait pas regardé... comme impossible l'existence d'un nouveau monde, lui accorda trois petits vaissaux qui furent bientôt mis... en état de supporter un long voyage.

—

117e DEVOIR.

Dès que Christophe Colomb eut obtenu... les vaisseaux qu'il s'était vu... refuser si longtemps, il fut au comble de la joie ; toutes les peines que lui avait coûté... sa belle entreprise s'évanouirent ; il ne songea plus qu'au moment où il pourrait fouler cette terre qu'il avait cru... apercevoir au milieu de ce vaste Océan qui avait défié... jusque-là les navigateurs les plus intrépides. Les préparatifs du départ furent bientôt fait... Les marins qu'il s'était associé... furent réparti... sur les trois vaisseaux, et lui-même fut reconnu amiral de la petite escadre, qui mit en mer au mois d'août 1492, en présence d'une foule immense qui s'était assemblé... sur le port dans lequel étaient réuni... les trois vaisseaux de l'expédition. Après avoir traversé... le détroit de Gibraltar, on mit le cap sur les îles Canaries, où les voyageurs étaient convenu... de s'arrêter. Le séjour ne fut pas long ; on se remit en route, après s'être assuré... du bon état des vaisseaux, ainsi que des provisions qu'on avait fait... embarquer. Les bâtiments furent dirigé... directement vers l'ouest; et, comme les vents qui s'étaient élevé..., soufflaient vers ce côté, les voyageurs eurent bientôt perdu... la terre de vue ; il leur sembla qu'elle s'était enfui... et qu'elle les avait laissé... au milieu d'un Océan sans bornes ; alors ils commencèrent à concevoir des craintes qu'ils n'ont pas osé... se communiquer d'abord. Cependant, comme ils s'éloignaient toujours et que la terre qu'ils se sont reproché... d'avoir quitté... ne reparaissait pas, des murmures ont éclaté... L'amiral, qui jusque-là avait exercé... l'autorité que lui donnait son rang, commença à devenir suspect ; on le traita d'aventurier qui avait trompé... la cour d'Espagne et les hommes qu'il avait engagé... à le suivre. C'est depuis ce moment, qu'ont commencé... ces scènes d'insubordination de la part des matelots, dont quelques-uns avaient déjà résolu... de jeter leur conducteur à la mer, s'il ne consentait à revenir sur ses pas. Il a fallu... toute la prudence, toute l'habileté qu'a déployé... Christophe Colomb, pour triompher des mauvaises passions qui s'étaient introduit... parmi l'équipage. L'espoir des richesses et de la gloire, les promesses, les menaces, tout fut employé... pour calmer l'effervescence qui avait gagné... presque tout le monde ; il a dompté... les rebelles, mais que d'inquiétudes ils lui ont causé... ! Tous les projets sinistres qu'il a entendu... faire sur son compte, lui ont révélé... le peu d'autorité qu'il avait conservé..., mais ils ne lui ont pas fait oublier un instant ce calme, ce sang-froid qu'il a montré... dans la conciliation et qui lui a toujours gagné... les cœurs. Cent autres à sa place auraient succombé... à la fureur de l'équipage. Une fois cependant la révolte s'était montré... si menaçante et s'était traduit... en caractères si alarmants, que Colomb, désespérant de la maîtriser par les moyens qui lui avaient réussi... jusqu'alors, fit crier terre par la vigie. A ce mot, les rebelles se sont tu... et ont porté... leurs regards vers cet immense horizon d'eau qui les entourait de tous côtés, mais on reconnut bientôt que la sentinelle placé... en observation s'était trompé..., les murmures recommencèrent. Alors l'amiral promit solennellement qu'on ne naviguerait plus que deux jours du côté opposé... à l'Europe, passé... ce terme on reviendrait vers l'Espagne, si l'on n'avait découv... aucun continent. Il recommanda à tout le monde de se tenir en observation, et une récompense fut promis... au premier qui signalerait la terre que Christophe Colomb pensait n'être pas très-éloigné... ainsi qu'il l'avait annoncé... En effet, avant l'expiration du délai fixé, on aperçut une masse noire qui semblait sortir des eaux ; c'était cette terre que l'on avait si vivement désiré... rencontrer ; c'était ce monde que le savant Génois avait deviné... et qu'on allait fouler des pieds après trente-trois jours de navigation. Le mécontentement qu'avaient témoigné... les hommes qui avaient pris... part à l'expédition, fit place à la joie la plus vive ; ceux qui avaient cherché... à attenter à la vie de l'amiral et qui s'étaient montré... les plus mutins, lui demandèrent pardon à genoux. Enfin, les vaisseaux ayant touché... à cette terre désiré..., Christophe Colomb en grand costume, l'épée à la main, descendit le premier dans une île voisine du continent ; l'Amérique était découverte...

FIN.

TABLE DES DEVOIRS.

PREMIÈRE PARTIE.

ORTHOGRAPHE ABSOLUE OU D'USAGE.

DEUXIÈME PARTIE.

ORTHOGRAPHE RELATIVE OU GRAMMATICALE.

FIN DE LA TABLE.

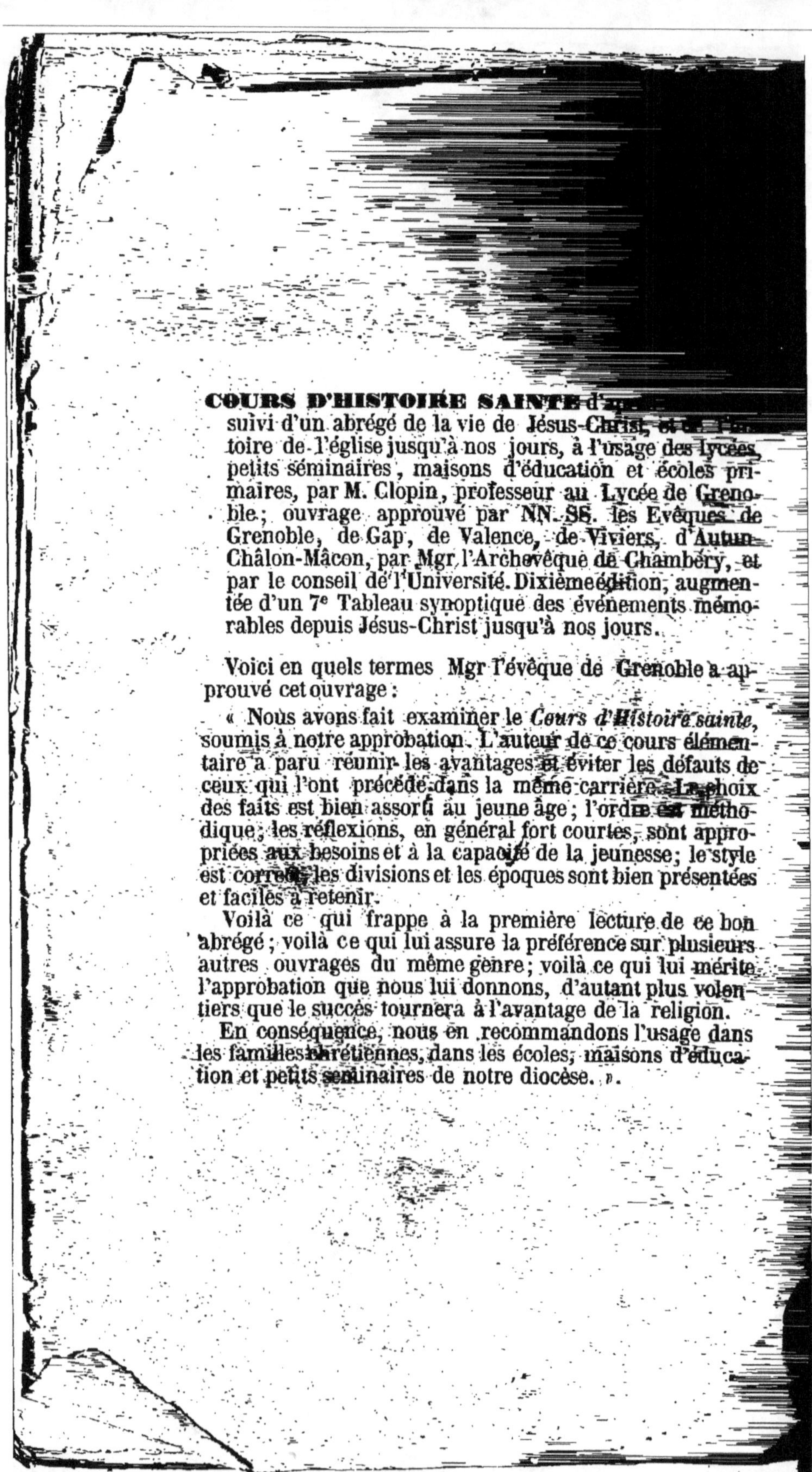

COURS D'HISTOIRE SAINTE d'[illegible] suivi d'un abrégé de la vie de Jésus-Christ, et de l'histoire de l'église jusqu'à nos jours, à l'usage des lycées, petits séminaires, maisons d'éducation et écoles primaires, par M. Clopin, professeur au Lycée de Grenoble; ouvrage approuvé par NN. SS. les Evêques de Grenoble, de Gap, de Valence, de Viviers, d'Autun-Châlon-Mâcon, par Mgr l'Archevêque de Chambéry, et par le conseil de l'Université. Dixième édition, augmentée d'un 7e Tableau synoptique des événements mémorables depuis Jésus-Christ jusqu'à nos jours.

Voici en quels termes Mgr l'évêque de Grenoble a approuvé cet ouvrage :

« Nous avons fait examiner le *Cours d'Histoire sainte*, soumis à notre approbation. L'auteur de ce cours élémentaire a paru réunir les avantages et éviter les défauts de ceux qui l'ont précédé dans la même carrière. Le choix des faits est bien assorti au jeune âge; l'ordre est méthodique; les réflexions, en général fort courtes, sont appropriées aux besoins et à la capacité de la jeunesse; le style est correct, les divisions et les époques sont bien présentées et faciles à retenir.

Voilà ce qui frappe à la première lecture de ce bon abrégé; voilà ce qui lui assure la préférence sur plusieurs autres ouvrages du même genre; voilà ce qui lui mérite l'approbation que nous lui donnons, d'autant plus volontiers que le succès tournera à l'avantage de la religion.

En conséquence, nous en recommandons l'usage dans les familles chrétiennes, dans les écoles, maisons d'éducation et petits séminaires de notre diocèse. »

www.ingramcontent.com/pod-product-compliance
Lightning Source LLC
Chambersburg PA
CBHW070811290326
41931CB00011BB/2191

9782019555092